무비 스님의 사경 시리즈 9

地藏經 寫經

제3권

무비 스님의
지장경 사경 제3권

제9 칭불명호품 - 제13 촉루인천품

무비 스님 한글 번역

담앤북스

사경집을 펴내며

필자는 일찍이 불교에 귀의하여 경학과 참선과 사경과 절과 기도와 염불 등을 골고루 실참實參하면서 무엇이 가장 효과적인 수행일까 하는 생각을 누누이 하여 왔습니다. 그러다가 여러 가지 상황으로 볼 때 사경수행寫經修行이 그 어떤 수행보다도 가장 효과가 뛰어나다는 것을 깨닫게 되었습니다.

그래서 오래전 부산 금정산 아래에 〈문수선원文殊禪院〉이라는 작은 공부방을 하나 마련하여 뜻을 같이하는 불자들과 〈사경수행도량寫經修行道場〉이라는 이름으로 여러 경전을 강의도 하고 아울러 많은 사경 교재를 만들어 사경寫經만 하는 특별반 및 사경 시간을 마련하여 정진하고 있습니다.

그리고 한편 〈사경수행공동체寫經修行共同體〉라는 이름으로 전국의 많은 불자들과 사경수행을 함께 하자는 생각을 하던 중에 마침 2008년 1월부터 전국의 스님 2백여 명이 강의를 들으러 오게 되어서 이 기회에 가장 이상적이고 친절한 사경 책을 여러 가지 준비하여 보급하게 되었습니다. 비록 어떤 조직체는 없으나 자연스럽게 그 많은 스님들의 손으로 사경 책이 전해지고 또 전해져서 그동안 1백만 권 이상이 보급되었으리라 생각합니다.

『금강경』에는 경전을 받아 지니고, 읽고, 외우고, 사경하는 공덕이 그 어떤 공덕보다 우수하다 하였고, 『법화경』에는 부처님을 대신하는 다섯 가지의 법사法師가 있으니 경전을 받아 지니고, 읽고, 외우고, 해설하고, 사경하는 일이라 하였습니다. 사경하는 일이 이와 같거늘 사경수행보다 우수한 공덕과 수행의 방법이 그 어디에 있겠습니까. 실로 불교의 수많은 수행 중에서 가장 위대한 수행이라 할 수 있을 것입니다.

새롭게 도약하는 사경수행운동이 전국으로 번져 나가서 인연을 함께하는 모든 분들이 자신이 앉은 그 자리에서 〈사경수행공동체〉의 일원이 되어 사경이 불법수행의 가장 바르고 가장 유익한 수행이라는 사실을 깨닫게 되어 열심히 정진하시기를 간절히 바랍니다.

경을 쓰는 이 공덕 수승하여라.
가없는 그 복덕 모두 회향하여
이 세상의 모든 사람 모든 생명들
무량광불 나라에서 행복하여지이다.

2022년 5월 15일
신라 화엄종찰 금정산 범어사

如天 無比 합장

사경 발원문

사경 시작한 날 :   년   월   일

_____ 두손 모음

사	경	공	덕	수	승	행
寫	經	功	德	殊	勝	行
베낄 사	경전 경	공덕 공	덕 덕	다를 수	뛰어날 승	행할 행

무	변	승	복	개	회	향
無	邊	勝	福	皆	廻	向
없을 무	가 변	뛰어날 승	복 복	다 개	돌 회	향할 향

보	원	침	익	제	유	정
普	願	沈	溺	諸	有	情
널리 보	원할 원	가라앉을 침	빠질 익	모든 제	있을 유	뜻 정

속	왕	무	량	광	불	찰
速	往	無	量	光	佛	刹
빠를 속	갈 왕	없을 무	헤아릴 량	빛 광	부처 불	절 찰

경을 쓰는 이 공덕 수승하여라.
가없는 그 복덕 모두 회향하여
이 세상의 모든 사람 모든 생명들
무량광불 나라에서 행복하여지이다.

第	九		稱	佛	名	號	品		
차례 제	아홉 구		일컬을 칭	부처 불	이름 명	이름 호	가지 품		

1. 무변신여래와 보승여래

爾	時		地	藏	菩	薩	摩	訶	薩	
너 이	때 시	에	땅 지	감출 장	보리 보	보살 살	갈 마	꾸짖을 하	보살 살	이
白	佛	言		世	尊		我	今		爲
아뢸 백	부처 불	말씀 언	하시되	세상 세	높을 존	하	나 아	이제 금	에	위할 위
未	來	衆	生		演	利	益	事		於
아닐 미	올 래	무리 중	날 생	하여	펼 연	이로울 이	더할 익	일 사	하여	어조사 어
生	死	中		得	大	利	益		唯	願
날 생	죽을 사	가운데 중	에	얻을 득	큰 대	이로울 이	더할 익	케하나니	오직 유	원할 원
世	尊		聽	我	說	之		佛	告	地
세상 세	높을 존	은	들을 청	나 아	말씀 설	어조사 지	하소서	부처 불	고할 고	땅 지

제9. 부처님의 명호를 부르라

그때에 지장보살마하살이 부처님께 말씀드렸다.

"세존이시여, 저는 지금 미래세의 중생을 위하여 이익되는 일을 연설하여

생사 중에서 큰 이익을 얻게 하고자 합니다.

다만 원컨대 세존이시여, 제 말씀을 들어 주십시오."

부처님께서 지장보살에게 이르시었다.

藏菩薩 하시되 汝今에 欲興慈悲하여 救拔一切罪苦六道衆生하려하여 演不思議事라하니 今正是時라 唯當速說하라 吾即涅槃하여 使汝로 早畢是願하며 吾亦無憂現在未來一切衆生하리라 地藏菩薩이 白佛言하시되 世尊하

"그대는 지금 자비심을 내어 육도에서 죄고를 받는 일체의 중생을 구제하고자 불가사의한 일을 연설하려고 하느냐. 지금이 바로 그때이니 다만 속히 말하여라. 나는 곧 열반에 들어갈 것이니 그대로 하여금 이 원을 일찍이 마치게 한다면 나 또한 현재와 미래의 일체 중생들에 대해 근심함이 없을 것이다."
지장보살이 부처님께 말씀드렸다. "세존이시여,

過	去	無	量	阿	僧	祇	劫 에	有	佛
지날 과	갈 거	없을 무	헤아릴 량	언덕 아	스님 승	다만 지	겁 겁	있을 유	부처 불
出	世 하시니	號 는		無	邊	身	如	來 시라	
날 출	세상 세	이름 호		없을 무	가 변	몸 신	같을 여	올 래	
若	有	男	子	女	人 이		聞	是	佛	名
만약 약	있을 유	사내 남	아들 자	여자 여	사람 인		들을 문	이 시	부처 불	이름 명
하고	暫	生	恭	敬 하면		卽	得	超	越	四
	잠시 잠	날 생	공손할 공	공경 경		곧 즉	얻을 득	뛰어넘을 초	넘을 월	넉 사
十	劫	生	死	重	罪 어든		何	況	塑	畵
열 십	겁 겁	날 생	죽을 사	무거울 중	허물 죄		어찌 하	하물며 황	흙 빚을 소	그림 화
形	像 하여	供	養	讚	歎 하면		其	人	獲
모양 형	모양 상	이바지할 공	기를 양	기릴 찬	찬탄할 탄		그 기	사람 인	얻을 획
福 이	無	量	無	邊 하리라		又	於	過	去
복 복	없을 무	헤아릴 량	없을 무	가 변		또 우	어조사 어	지날 과	갈 거

과거세의 무량 아승지겁에 부처님이 계셔서 세상에 나오셨으니
호를 무변신여래라 하였습니다.
만약 어떤 남자나 여인이 이 부처님의 이름을 듣고 잠깐 사이라도 공경심을 내게 되면
곧 사십 겁의 생사의 무거운 죄고를 뛰어넘을 것입니다.
하물며 그 부처님의 형상을 조성하고 그림으로 그려서 공양하고 찬탄하는 일이겠습니까.
그 사람이 얻은 복은 한량이 없고 끝이 없습니다.

恒	河	沙	劫	에	有	佛	出	世	하시니	號
항상 항	물 하	모래 사	겁 겁		있을 유	부처 불	날 출	세상 세		이름 호
는	寶	勝	如	來	시라	若	有	男	子	女
	보배 보	수승할 승	같을 여	올 래		만약 약	있을 유	사내 남	아들 자	여자 여
人	이	聞	是	佛	名	하고	一	彈	指	頃
사람 인		들을 문	이 시	부처 불	이름 명		한 일	튕길 탄	손가락 지	잠깐 경
이나	發	心	歸	依	하면	是	人	은	於	無
	필 발	마음 심	돌아갈 귀	의지할 의		이 시	사람 인		어조사 어	없을 무
上	道	에	永	不	退	轉	하리다			
위 상	길 도		길 영	아닐 불	날 퇴	구를 전				

2. 파두마승여래, 사자후여래, 구류손불

又	於	過	去	에	有	佛	出	世	하시니	號
또 우	어조사 어	지날 과	갈 거		있을 유	부처 불	날 출	세상 세		이름 호

또한 과거세의 항하사 겁에 부처님이 계셔서 세상에 나오셨으니 호를 보승여래라 하였습니다. 만약 어떤 남자나 여인이 이 부처님의 이름을 듣고 손가락을 한 번 튕기는 사이라도 발심하여 귀의하면 이 사람은 무상도에서 영원히 퇴전하지 아니할 것입니다."

"또한 과거세에 부처님이 계셔서 세상에 나오셨으니

호는 파두마승여래였습니다.
만약 어떤 남자나 여인이 이 부처님의 이름을 듣고 귓가에 스치기만 해도
이 사람은 천 번이나 육욕천 가운데 태어남을 얻거든
하물며 어찌 지극한 마음으로 이름을 부르는 사람이겠습니까.
또한 과거 말로는 표현할 수 없는 아승지겁에 부처님이 계셔서 세상에 나오셨으니
호는 사자후여래였습니다.

男	子	女	人	이	聞	是	佛	名	하고	一
사내 남	아들 자	여자 여	사람 인		들을 문	이 시	부처 불	이름 명		한 일
念	歸	依	하면	是	人	은	得	遇	無	量
생각 념	돌아갈 귀	의지할 의		이 시	사람 인		얻을 득	만날 우	없을 무	헤아릴 량
諸	佛	하여	摩	頂	受	記	하리다	又	於	過
모두 제	부처 불		갈 마	정수리 정	받을 수	기록할 기		또 우	어조사 어	지날 과
去	에	有	佛	出	世	하시니	號	는	狗	留
갈 거		있을 유	부처 불	날 출	세상 세		이름 호		개 구	머무를 류
孫	佛	이시다	若	有	男	子	女	人	이	聞
손자 손	부처 불		만약 약	있을 유	사내 남	아들 자	여자 여	사람 인		들을 문
是	佛	名	하고	至	心	瞻	禮	커나	或	復
이 시	부처 불	이름 명		지극할 지	마음 심	볼 첨	예도 례		혹 혹	다시 부
讚	歎	하면	是	人	은	於	賢	劫	千	佛
기릴 찬	찬탄할 탄		이 시	사람 인		어조사 어	어질 현	겁 겁	일천 천	부처 불

만약 어떤 남자나 여인이 이 부처님의 이름을 듣고 한순간이나마 귀의하면
이 사람은 한량없는 여러 부처님을 만나서 마정수기를 얻을 것입니다.
또한 과거세에 부처님이 계셔서 세상에 나오셨으니 호는 구류손불이었습니다.
만약 어떤 남자나 여인이 이 부처님의 이름을 듣고
지극한 마음으로 우러러 예배하거나 혹 찬탄하면 이 사람은 현겁 천불의 회중에

會	中	에	爲	大	梵	王	하여	得	授	上
모일 회	가운데 중		될 위	큰 대	하늘 범	임금 왕		얻을 득	줄 수	위 상

記	하리다
기록할 기	

3. 비바시불, 다보여래, 보상여래, 가사당여래, 대통산왕여래

又	於	過	去	에	有	佛	出	世	하시니	號
또 우	어조사 어	지날 과	갈 거		있을 유	부처 불	날 출	세상 세		이름 호
는	毗	婆	尸	佛	이시라	若	有	男	子	女
	도울 비	할미 파(바)	주검 시	부처 불		만약 약	있을 유	사내 남	아들 자	여자 여
人	이	聞	是	佛	名	하면	永	不	墮	於
사람 인		들을 문	이 시	부처 불	이름 명		길 영	아닐 불	떨어질 타	어조사 어
惡	道	하고	常	生	人	天	하여	受	勝	妙
악할 악	길 도		항상 상	날 생	사람 인	하늘 천		받을 수	수승할 승	묘할 묘

대범왕이 되어 부처님이 된다는 수기를 얻을 것입니다."

"또 과거에 부처님이 계셔서 세상에 나오셨으니 이름은 비바시불이었습니다. 만약 어떤 남자나 여인이 이 부처님의 이름을 들으면 영원히 악도에 떨어지지 아니하고 항상 인간과 천상에 나서 뛰어나고 묘한 즐거움을 받습니다.

樂 하리다	又	於	過	去	無	量	無	數	恒
즐길 락	또 우	어조사 어	지날 과	갈 거	없을 무	헤아릴 량	없을 무	셈 수	항상 항
河	沙	劫 에		有	佛	出	世 하시니		號 는
물 하	모래 사	겁 겁		있을 유	부처 불	날 출	세상 세		이름 호
多	寶	如	來 시니		若	有	男	子	女	人
많을 다	보배 보	같을 여	올 래		만약 약	있을 유	사내 남	아들 자	여자 여	사람 인
이	聞	是	佛	名 하면		畢	竟	不	墮	惡
	들을 문	이 시	부처 불	이름 명		마칠 필	마침내 경	아닐 불	떨어질 타	악할 악
道 하고	常	在	天	上 하여		受	勝	妙	樂
길 도	항상 상	있을 재	하늘 천	위 상		받을 수	수승할 승	묘할 묘	즐길 락
하리다	又	於	過	去 에		有	佛	出	世 하시니
	또 우	어조사 어	지날 과	갈 거		있을 유	부처 불	날 출	세상 세
號 는		寶	相	如	來 시라		若	有	男	子
이름 호		보배 보	모양 상	같을 여	올 래		만약 약	있을 유	사내 남	아들 자

또한 과거의 한량없고 셀 수 없는 항하사 겁에 부처님이 계셔서 세상에 나오셨으니
이름은 다보여래였습니다.
만약 어떤 남자나 여인이 이 부처님의 이름을 듣게 되면
마침내 악도에 떨어지지 아니하고 항상 천상에 나서 뛰어나고 묘한 즐거움을 받습니다.
또한 과거에 부처님이 계셔서 세상에 나오셨으니 이름은 보상여래였습니다.

女	人	이	聞	是	佛	名	하고	生	恭	敬
여자 여	사람 인		들을 문	이 시	부처 불	이름 명		날 생	공손할 공	공경 경
心	하면	是	人	은	不	久	에	得	阿	羅
마음 심		이 시	사람 인		아닐 불	오랠 구		얻을 득	언덕 아	그물 라
漢	果	하리다	又	於	過	去	無	量	阿	僧
한나라 한	과실 과		또 우	어조사 어	지날 과	갈 거	없을 무	헤아릴 량	언덕 아	스님 승
祇	劫	에	有	佛	出	世	하시니	號	는	袈
다만 지	겁 겁		있을 유	부처 불	날 출	세상 세		이름 호		가사 가
裟	幢	如	來	시라	若	有	男	子	女	人
가사 사	기 당	같을 여	올 래		만약 약	있을 유	사내 남	아들 자	여자 여	사람 인
이	聞	是	佛	名	하면	超	一	百	大	劫
	들을 문	이 시	부처 불	이름 명		뛰어넘을 초	한 일	일백 백	큰 대	겁 겁
生	死	之	罪	하리다	又	於	過	去	에	有
날 생	죽을 사	어조사 지	허물 죄		또 우	어조사 어	지날 과	갈 거		있을 유

만약 어떤 남자나 여인이 이 부처님의 이름을 듣고 공경심을 내게 되면
이 사람은 오래지 아니하여 아라한과를 얻습니다.
또한 과거의 무량 아승지겁에 부처님이 계셔서 세상에 나오셨으니
이름은 가사당여래였습니다.
만약 어떤 남자나 여인이 이 부처님의 이름을 듣게 되면
일백 대겁의 생사의 죄를 초월합니다.

佛	出	世	하시니	號	는	大	通	山	王	如
부처 불	날 출	세상 세		이름 호		큰 대	통할 통	뫼 산	임금 왕	같을 여
來	시라	若	有	男	子	女	人	이	聞	是
올 래		만약 약	있을 유	사내 남	아들 자	여자 여	사람 인		들을 문	이 시
佛	名	者	는	是	人	이	得	遇	恒	河
부처 불	이름 명	것 자		이 시	사람 인		얻을 득	만날 우	항상 항	물 하
沙	佛	하야	廣	爲	說	法	하면	必	成	菩
모래 사	부처 불		넓을 광	할 위	말씀 설	법 법		반드시 필	이룰 성	보리 보
提	하리라									
끌 제(리)										

4. 임종을 맞이하여 염불하라

又	於	過	去	에	有	淨	月	佛	과	山
또 우	어조사 어	지날 과	갈 거		있을 유	깨끗할 정	달 월	부처 불		뫼 산

또한 과거에 부처님이 계셔서 세상에 나오셨으니 이름은 대통산왕여래였습니다.
만약 어떤 남자나 여인이 이 부처님의 이름을 듣게 되면
이 사람은 항하사 수만큼의 부처님을 만나 널리 설법함을 듣고
반드시 보리도를 성취합니다."

"또한 과거에 정월불과

산왕불과 지승불과 정명왕불과 지성취불과 무상불과 묘성불과 만월불과 월면불과 같이 말로는 다할 수 없는 부처님이 계셨습니다.
세존이시여, 현재와 미래의 일체 중생들이 만약 천상이나 인간이나 남자나 여인을 막론하고 다만 한 부처님의 명호를 불러도 그 공덕이 한량없거늘

이어든	何 어찌 하	況 하물며 황	多 많을 다	名 이름 명	이리까	是 이 시	衆 무리 중	生 날 생	等 무리 등	은
生 날 생	時 때 시	死 죽을 사	時 때 시	에		自 스스로 자	得 얻을 득	大 큰 대	利 이로울 리	하여	終 마칠 종
不 아닐 불	墮 떨어질 타	惡 악할 악	道 길 도	하리다	若 만약 약	有 있을 유	臨 임할 임	命 목숨 명	終 마칠 종	人 사람 인
의	家 집 가	中 가운데 중	眷 돌볼 권	屬 무리 속	이	乃 이에 내	至 이를 지	一 한 일	人 사람 인	이나
爲 위할 위	是 이 시	病 병 병	人 사람 인	하여	高 높을 고	聲 소리 성	으로	念 생각 염	一 한 일	佛 부처 불
名 이름 명	하면	是 이 시	命 목숨 명	終 마칠 종	人 사람 인	이	除 덜 제	五 다섯 오	無 없을 무	間 사이 간
大 큰 대	罪 허물 죄	하고	餘 남을 여	業 업 업	報 갚을 보	等 무리 등	은	悉 다 실	得 얻을 득	消 사라질 소

하물며 많은 부처님의 이름을 부르는 것이겠습니까.
이러한 중생들은 날 때와 죽을 때에 스스로 큰 이로움을 얻어서
마침내 악도에 떨어지지 아니합니다.
만약 어떤 임종하는 사람의 집안 권속이 한 사람이라도 병든 사람을 위하여
높은 소리로 한 부처님의 이름을 부르게 되면 이 목숨을 마치는 사람의
다섯 가지 무간지옥에 들어갈 죄를 제하고 나머지 업보들은 모두 소멸함을 얻을 것입니다.

滅하리니 是五無間大罪가 雖至極重하여 動經億劫하여 了不得出이건마는 承斯臨命終時에 他人이 爲其稱念佛名하야 於是罪中도 亦漸消滅이어든 何況衆生의 自稱自念이리까 獲福無量하고 滅無量罪하리이다

이 다섯 가지 무간지옥에 들어갈 죄가 비록 지극히 무거운 것이어서
억겁을 지나도 마침내 벗어나지 못하는 것이지만
이 사람이 임종할 때에 다른 사람이 그를 위하여 부처님의 이름을 부르게 되면
이 무거운 죄업도 점점 소멸할 것입니다.
그런데 하물며 중생들이 스스로 부르고 스스로 생각하는 것이겠습니까.
무량한 복을 얻고 무량한 죄업도 소멸하게 될 것입니다."

第	十		校	量	布	施	功	德	緣	品
차례 제	열 십		헤아릴 교	헤아릴 량	보시 보	베풀 시	공 공	덕 덕	인연 연	가지 품

1. 하심하고 보시한 공덕

爾	時	에	地	藏	菩	薩	摩	訶	薩	이
너 이	때 시		땅 지	감출 장	보리 보	보살 살	갈 마	꾸짖을 하	보살 살	
承	佛	威	神	하사	從	座	而	起	하여	胡
이을 승	부처 불	위엄 위	신통할 신		좇을 종	자리 좌	말 이을 이	일어날 기		턱밑 살 호
跪	合	掌	하고	白	佛	言	하시되	世	尊	하
꿇어앉을 궤	합할 합	손바닥 장		아뢸 백	부처 불	말씀 언		세상 세	높을 존	
我	觀	業	道	衆	生	하여	校	量	布	施
나 아	볼 관	업 업	길 도	무리 중	날 생		헤아릴 교	헤아릴 량	보시 보	베풀 시
컨대	有	輕	有	重	하여	有	一	生	受	福
	있을 유	가벼울 경	있을 유	무거울 중		있을 유	한 일	날 생	받을 수	복 복

제10. 보시한 공덕을 헤아리다

그때에 지장보살마하살이 부처님의 위신력을 받들어
자리에서 일어나서 호궤합장하고 부처님께 사뢰었다.
"세존이시여, 제가 업으로 살아가는 중생들을 살펴보고
그들의 보시하는 공덕을 헤아려 보니
가벼움도 있고 무거움도 있으며, 일생 동안에 복을 받기도 하고

有十生受福하며 有百生千
있을유 열십 날생 받을수 복복 있을유 일백백 날생 일천천

生에 受大福利者하니 是事云
날생 받을수 큰대 복복 이로울리 사람자 이시 일사 이를운

何니까 唯願世尊아 爲我說之
어찌하 오직유 원할원 세상세 높을존 위할위 나아 말씀설 어조사지

하소서 爾時에 佛告地藏菩薩하시되
너이 때시 부처불 고할고 땅지 감출장 보리보 보살살

吾今於忉利天宮一切衆會
나오 이제금 어조사어 근심할도 이로울리 하늘천 집궁 한일 온통체 무리중 모일회

에 說閻浮提布施校量功德
말씀설 마을염 뜰부 끌제 보시보 베풀시 헤아릴교 헤아릴량 공공 덕덕

輕重하니 汝當諦聽하라 吾爲汝
가벼울경 무거울중 너여 마땅당 살필체 들을청 나오 위할위 너여

십 생 동안에 복을 받기도 하며, 백 생이나 천 생 동안에 큰 복과 이익을 받는 이도 있는데
이러한 일은 어찌하여 그러한 것입니까? 원컨대 세존이시여, 저를 위하여 설명하여 주십시오."
그때에 부처님께서 지장보살에게 말씀하셨다.
"내가 지금 도리천궁의 여러 대중들에게
염부제 중생들이 보시하는 공덕의 경중을 헤아려 설할 것이니
그대는 자세히 듣도록 하라. 내 그대를 위하여 말하겠다."

說	하리라	地	藏	이	白	佛	言	하시되	我	疑
말씀 설		땅 지	감출 장		아뢸 백	부처 불	말씀 언		나 아	의심할 의
是	事	하니	願	樂	欲	聞	하나이다	佛	告	地
이 시	일 사		원할 원	좋아할 요	하고자할 욕	들을 문		부처 불	고할 고	땅 지
藏	菩	薩	하시되	南	閻	浮	提	에	有	諸
감출 장	보리 보	보살 살		남녘 남	마을 염	뜰 부	끌 제		있을 유	모두 제
國	王	과	宰	輔	大	臣	과	大	長	者
나라 국	임금 왕		재상 재	도울 보	큰 대	신하 신		큰 대	어른 장	사람 자
와	大	刹	利	와	大	婆	羅	門	等	이
	큰 대	절 찰	이로울 리		큰 대	할미 파(바)	그물 라	문 문	무리 등	
若	遇	最	下	貧	窮	이어나	乃	至	癃	殘
만약 약	만날 우	가장 최	아래 하	가난할 빈	다할 궁		이에 내	이를 지	곱사등이 융	상처 잔
瘖	瘂	聾	癡	無	目	인	如	是	種	種
벙어리 음	벙어리 아	귀먹을 롱	어리석을 치	없을 무	눈 목		같을 여	이 시	종류 종	종류 종

지장보살이 부처님께 사뢰기를,

"저는 이 일이 궁금하였습니다. 원컨대 듣고자 합니다."라고 하였다.

부처님께서 지장보살에게 이르시기를,

"남염부제에 있는 모든 국왕과 재상과 대신과 큰 장자와 큰 찰리와 큰 바라문 등이
만약 가장 빈궁한 자를 만나거나 꼽추나 벙어리와 귀먹은 이와 백치와 장님 등과 같은

不完具者하여 是大國王等이
아닐 불 / 완전할 완 / 갖출 구 / 사람 자 / 이 시 / 큰 대 / 나라 국 / 임금 왕 / 무리 등

欲布施時에 若能具大慈悲
하고자할 욕 / 보시 보 / 베풀 시 / 때 시 / 만약 약 / 능할 능 / 갖출 구 / 큰 대 / 사랑 자 / 슬플 비

하여 下心含笑하여 親手遍布施
아래 하 / 마음 심 / 머금을 함 / 웃을 소 / 친할 친 / 손 수 / 두루 변 / 보시 보 / 베풀 시

어나 或使人施하여 軟言慰喻하면
혹 혹 / 하여금 사 / 사람 인 / 베풀 시 / 연할 연 / 말씀 언 / 위로할 위 / 깨우칠 유

是國王等의 所獲福利는 如
이 시 / 나라 국 / 임금 왕 / 무리 등 / 바 소 / 얻을 획 / 복 복 / 이로울 리 / 같을 여

布施百恒河沙佛功德之利
보시 보 / 베풀 시 / 일백 백 / 항상 항 / 물 하 / 모래 사 / 부처 불 / 공 공 / 덕 덕 / 어조사 지 / 이로울 리

하니라 何以故오 緣是國王等이
어찌 하 / 써 이 / 연고 고 / 인연 연 / 이 시 / 나라 국 / 임금 왕 / 무리 등

가지가지의 완전치 못한 불구자를 만나서 이 대국의 왕 등이 보시를 하고자 할 때에,
만약 큰 자비심을 갖추고 자기의 마음을 낮추고 미소를 지으면서 친히 자기 손으로 두루 보시하거나,
혹 사람을 시켜 보시하라고 부드러운 말로 위로하게 되면, 이 국왕 등이 얻는 복덕의 이익은
백 항하강의 모래와 같이 많은 부처님에게 보시하는 공덕보다 이익이 더 많을 것이다.
왜냐하면 이 국왕 등은

於	是	最	貧	賤	輩	와	及	不	完	具
어조사 어	이 시	가장 최	가난할 빈	천할 천	무리 배		및 급	아닐 불	완전할 완	갖출 구
者	에	發	大	慈	悲	心	일새	是	故	로
사람 자		필 발	큰 대	사랑 자	슬플 비	마음 심		이 시	연고 고	
福	利	有	如	此	報	하여	百	千	生	中
복 복	이로울 리	있을 유	같을 여	이 차	갚을 보		일백 백	일천 천	날 생	가운데 중
에	常	得	七	寶	具	足	하리니	何	況	衣
	항상 상	얻을 득	일곱 칠	보배 보	갖출 구	족할 족		어찌 하	하물며 황	옷 의
食	受	用	이리오							
먹을 식	받을 수	쓸 용								

2. 탑과 절과 불보살의 형상에 보시한 공덕

復	次	地	藏	아	若	未	來	世	에	有
다시 부	버금 차	땅 지	감출 장		만약 약	아닐 미	올 래	세상 세		있을 유

저 가장 빈천한 무리와 불구자에 대하여 큰 자비심을 내었으므로
복과 이익이 이와 같은 보답이 있어 백천 생 중에 항상 칠보가 구족함을 얻게 되리니
어찌 하물며 의복과 음식의 수용이겠느냐?"

"다시 또 지장보살이여, 만약 미래세에

諸	國	王	至	婆	羅	門	等	이	遇	佛
모두 제	나라 국	임금 왕	이를 지	할미 파(바)	그물 라	문 문	무리 등		만날 우	부처 불
塔	寺		或	佛	形	像	이어나	乃	至	菩
탑 탑	절 사	어나	혹 혹	부처 불	모양 형	모양 상		이에 내	이를 지	보리 보
薩	聲	聞	辟	支	佛	等	像	하여	躬	自
보살 살	소리 성	들을 문	임금 벽	지탱할 지	부처 불	무리 등	모양 상		몸소 궁	스스로 자
營	辦	하여	供	養	布	施	하면	是	國	王
경영할 영	힘들일 판		이바지할 공	기를 양	보시 보	베풀 시		이 시	나라 국	임금 왕
等	이	當	得	三	劫	에	爲	帝	釋	身
무리 등		마땅 당	얻을 득	석 삼	겁 겁		될 위	임금 제	풀 석	몸 신
하여	受	勝	妙	樂	하리니	若	能	以	此	布
	받을 수	수승할 승	묘할 묘	즐길 락		만약 약	능할 능	써 이	이 차	보시 보
施	福	利	로	廻	向	法	界	하면	是	大
베풀 시	복 복	이로울 리		돌 회	향할 향	법 법	경계 계		이 시	큰 대

국왕에서 바라문들에 이르기까지 부처님의 탑이나 절,
혹 부처님의 형상이나 내지 보살, 성문, 벽지불 등의 형상을 만나서
몸소 경영하고 마련하여 공양을 올리고 보시하면
이 국왕 등은 삼 겁 동안 제석천의 몸을 얻어 수승하고 미묘한 즐거움을 받게 될 것이다.
만약 능히 이 보시한 복의 이익을 법계에 회향하면,

國	王	等	이	於	十	劫	中	에	常	爲
나라 국	임금 왕	무리 등		어조사 어	열 십	겁 겁	가운데 중		항상 상	될 위
大	梵	天	王	하리라	復	次	地	藏	아	若
큰 대	하늘 범	하늘 천	임금 왕		다시 부	버금 차	땅 지	감출 장		만약 약
未	來	世	에	有	諸	國	王	至	婆	羅
아닐 미	올 래	세상 세		있을 유	모두 제	나라 국	임금 왕	이를 지	할미 파(바)	그물 라
門	等	이	遇	先	佛	塔	廟	어나	或	至
문 문	무리 등		만날 우	먼저 선	부처 불	탑 탑	사당 묘		혹 혹	이를 지
經	像	이	毁	壞	破	落	하여	乃	能	發
글 경	모양 상		헐 훼	무너질 괴	깨뜨릴 파	떨어질 락		이에 내	능할 능	필 발
心	修	補	하되	是	國	王	等	이	或	自
마음 심	닦을 수	기울 보		이 시	나라 국	임금 왕	무리 등		혹 혹	스스로 자
營	辦	커나	或	勸	他	人	하되	乃	至	百
경영할 영	힘들일 판		혹 혹	권할 권	다를 타	사람 인		이에 내	이를 지	일백 백

이 국왕들은 십 겁 동안 항상 대범천왕이 될 것이다.
또 다시 지장보살이여, 만약 미래세에 모든 국왕에서 바라문 등에 이르기까지
옛 부처님의 탑이나 묘, 혹은 경전이나 형상에 이르기까지
헐고 무너지고 깨지고 떨어진 것을 보고 능히 발심하여 보수하면,
이 국왕 등이 혹 스스로 경영하고 마련했거나, 혹은 다른 사람을 권해서

千(일천 천) 人(사람 인) 等(무리 등) 하여 布(보시 보) 施(베풀 시) 結(맺을 결) 緣(인연 연) 하면 是(이 시) 國(나라 국)
王(임금 왕) 等(무리 등) 이 百(일백 백) 千(일천 천) 生(날 생) 中(가운데 중) 에 常(항상 상) 爲(될 위) 轉(구를 전)
輪(바퀴 륜) 王(임금 왕) 身(몸 신) 이요 如(같을 여) 是(이 시) 他(다를 타) 人(사람 인) 의 同(한가지 동) 布(보시 보)
施(베풀 시) 者(사람 자) 는 百(일백 백) 千(일천 천) 生(날 생) 中(가운데 중) 에 常(항상 상) 爲(될 위) 小(작을 소)
國(나라 국) 王(임금 왕) 身(몸 신) 하리며 更(다시 갱) 能(능할 능) 於(어조사 어) 塔(탑 탑) 廟(사당 묘) 前(앞 전) 에
發(필 발) 廻(돌 회) 向(향할 향) 心(마음 심) 하면 如(같을 여) 是(이 시) 國(나라 국) 王(임금 왕) 과 乃(이에 내)
及(및 급) 諸(모두 제) 人(사람 인) 이 盡(다할 진) 成(이룰 성) 佛(부처 불) 道(길 도) 하리니 以(써 이) 此(이 차)

백천 사람들에게 보시하여 인연을 맺도록 했을지라도
이 국왕 등은 백천 생 동안 항상 전륜왕의 몸이 될 것이다.
이와 같이 보시한 다른 사람들도 백천 생 동안 항상 소국왕의 몸이 될 것이며,
또 능히 탑과 사당 앞에서 회향하는 마음을 발하면
이와 같은 국왕과 모든 사람들은 모두 불도를 성취할 것이며,

果報는 無量無邊일새니라

| 과실 과 | 갚을 보 | | 없을 무 | 헤아릴 량 | 없을 무 | 가 변 | | | |

3. 늙고 병든 이에게 보시한 공덕

復	次	地	藏 아		未	來	世	中 에		有
다시 부	버금 차	땅 지	감출 장		아닐 미	올 래	세상 세	가운데 중		있을 유
諸	國	王 과		及	婆	羅	門	等 이		見
모두 제	나라 국	임금 왕		및 급	할미 파(바)	그물 라	문 문	무리 등		볼 견
諸	老	病 과		及	生	産	婦	女 하고		若
모두 제	늙을 노	병 병		및 급	날 생	낳을 산	며느리 부	여자 녀		만약 약
一	念	間 이나		具	大	慈	心 하여		布	施
한 일	생각 념	사이 간		갖출 구	큰 대	사랑 자	마음 심		보시 보	베풀 시
醫	藥 과		飮	食	臥	具 하여		使	令	安
의원 의	약 약		마실 음	먹을 식	누울 와	갖출 구		하여금 사	하여금 영	편안 안

이러한 과보는 한량이 없고 끝이 없을 것이다."

"다시 또 지장이여, 미래세 중에 모든 국왕과 바라문들이
늙고 병든 사람과 해산하는 부녀자를 보고 만약 한순간이라도 대자비심을 발하여
의약과 음식과 침구를 보시하여 그들을 안락하게 한다면

樂 하면		如	是	福	利 는		最	不	思	議
즐길 락		같을 여	이 시	복 복	이로울 리		가장 최	아닐 부	생각 사	의논할 의
라	一	百	劫	中 에		常	爲	淨	居	天
	한 일	일백 백	겁 겁	가운데 중		항상 상	될 위	깨끗할 정	살 거	하늘 천
主 하며		二	百	劫	中 에		常	爲	六	欲
주인 주		두 이	일백 백	겁 겁	가운데 중		항상 상	될 위	여섯 육	하고자할 욕
天	主 하고		畢	竟	成	佛 하여		永	不	墮
하늘 천	주인 주		마칠 필	마침내 경	이룰 성	부처 불		길 영	아닐 불	떨어질 타
惡	道 하며		乃	至	百	千	生	中 에		耳
악할 악	길 도		이에 내	이를 지	일백 백	일천 천	날 생	가운데 중		귀 이
不	聞	苦	聲 하리라		復	次	地	藏 아		若
아닐 불	들을 문	괴로울 고	소리 성		다시 부	버금 차	땅 지	감출 장		만약 약
未	來	世	中 에		有	諸	國	王 과		及
아닐 미	올 래	세상 세	가운데 중		있을 유	모두 제	나라 국	임금 왕		및 급

이와 같은 복과 이익은 가장 불가사의하여 백 겁 동안 항상 정거천의 주인이 되며,
이백 겁 동안 항상 육욕천의 주인이 되고,
마침내는 불도를 성취하여 영원토록 악도에 떨어지지 아니하며,
백천 생 동안 귀에 고통스러운 소리가 들리지 아니할 것이다.
다시 또 지장이여, 만약 미래세 중에 모든 국왕과 바라문들이

婆	羅	門	等	이	能	作	如	是	布	施
할미 파(바)	그물 라	문 문	무리 등		능할 능	지을 작	같을 여	이 시	보시 보	베풀 시
하면	獲	福	無	量	하고	更	能	廻	向	하면
	얻을 획	복 복	없을 무	헤아릴 량		다시 갱	능할 능	돌 회	향할 향	
不	問	多	少	하고	畢	竟	成	佛	하리니	何
아닐 불	물을 문	많을 다	적을 소		마칠 필	마침내 경	이룰 성	부처 불		어찌 하
況	釋	梵	轉	輪	之	報	이리오	是	故	로
하물며 황	풀 석	하늘 범	구를 전	바퀴 륜	어조사 지	갚을 보		이 시	연고 고	
地	藏	이	普	勸	衆	生	하여	當	如	是
땅 지	감출 장		넓을 보	권할 권	무리 중	날 생		마땅 당	같을 여	이 시
學	케하라	復	次	地	藏	아	未	來	世	中
배울 학		다시 부	버금 차	땅 지	감출 장		아닐 미	올 래	세상 세	가운데 중
에	若	善	男	子	善	女	人	이	於	佛
	만약 약	착할 선	사내 남	아들 자	착할 선	여자 여	사람 인		어조사 어	부처 불

능히 이와 같은 보시를 지으면 얻는 복이 한량이 없을 것이며,
다시 이 복을 회향하면 많고 적음을 불문하고 필경에 불도를 성취할 것인데,
하물며 제석천과 범천왕과 전륜왕이 되는 보답뿐이겠느냐.
그러므로 지장이여, 널리 중생들에게 권하여 이와 같은 일을 마땅히 배우게 하라.
다시 또 지장이여, 미래세 중에 만약 선남자와 선여인이

法(법 법) 中(가운데 중)에 種(심을 종) 小(작을 소) 善(착할 선) 根(뿌리 근)을 毛(털 모) 髮(터럭 발) 沙(모래 사) 塵(티끌 진) 等(무리 등) 許(가량 허)라도 所(바 소) 受(받을 수) 福(복 복) 利(이로울 리)는 不(아닐 불) 可(가히 가) 爲(할 위) 喩(비유할 유)니라

4. 회향하는 공덕

復(다시 부) 次(버금 차) 地(땅 지) 藏(감출 장)아 未(아닐 미) 來(올 래) 世(세상 세) 中(가운데 중)에 若(만약 약) 有(있을 유) 善(착할 선) 男(사내 남) 子(아들 자) 善(착할 선) 女(여자 여) 人(사람 인)이 遇(만날 우) 佛(부처 불) 形(모양 형) 像(모양 상)과 菩(보리 보) 薩(보살 살) 形(모양 형) 像(모양 상)과 辟(임금 벽) 支(지탱할 지) 佛(부처 불) 形(모양 형)

부처님의 법 중에서 작은 선근을 머리털이나 모래알,
티끌만큼만 심더라도 받는 복과 이익은 비유하여 말할 수가 없다."

"다시 또 지장이여, 미래세 중에 만약 선남자와 선여인이
부처님의 형상이나 보살의 형상이나 벽지불의 형상이나

像 과	轉	輪	王	形	像 하여		布	施	供
모양 상	구를 전	바퀴 륜	임금 왕	모양 형	모양 상		보시 보	베풀 시	이바지할 공
養 하면	得	無	量	福 이요		常	在	人	天
기를 양	얻을 득	없을 무	헤아릴 량	복 복		항상 상	있을 재	사람 인	하늘 천
하여	受	勝	妙	樂 하리니		若	能	廻	向	法
	받을 수	수승할 승	묘할 묘	즐길 락		만약 약	능할 능	돌 회	향할 향	법 법
界 하면	是	人	福	利 는		不	可	爲	喩
경계 계	이 시	사람 인	복 복	이로울 리		아닐 불	가히 가	할 위	비유할 유
니라	復	次	地	藏 아		未	來	世	中 에
	다시 부	버금 차	땅 지	감출 장		아닐 미	올 래	세상 세	가운데 중
若	有	善	男	子	善	女	人 이		遇	大
만약 약	있을 유	착할 선	사내 남	아들 자	착할 선	여자 여	사람 인		만날 우	큰 대
乘	經	典 하여		或	聽	聞	一	偈	一	句
탈 승	글 경	법 전		혹 혹	들을 청	들을 문	한 일	게송 게	한 일	글귀 구

전륜왕의 형상을 만나서 보시하고 공양을 올리면 한량없는 복을 얻어
항상 천상과 인간에 나서 수승하고 미묘한 즐거움을 받을 것이며,
만약 능히 그 복을 법계에 회향하면 이 사람의 복과 이익은 비유하여 말할 수가 없다.
다시 또 지장이여, 미래세 중에 만약 선남자와 선여인이 대승경전을 만나
한 게송이나 한 구절을 듣더라도

하고	發	殷	重	心	하여	讚	歎	恭	敬	하며
	필 발	성할 은	무거울 중	마음 심		기릴 찬	찬탄할 탄	공손할 공	공경 경	
布	施	供	養	하면	是	人	은	獲	大	果
보시 보	베풀 시	이바지할 공	기를 양		이 시	사람 인		얻을 획	큰 대	과실 과
報	를	無	量	無	邊	하리니	若	能	廻	向
갚을 보		없을 무	아릴 량	없을 무	가 변		만약 약	능할 능	돌 회	향할 향
法	界	하면	其	福	은	不	可	爲	喩	리라
법 법	경계 계		그 기	복 복		아닐 불	가히 가	할 위	비유할 유	
復	次	地	藏	아	若	未	來	世	中	에
다시 부	버금 차	땅 지	감출 장		만약 약	아닐 미	올 래	세상 세	가운데 중	
有	善	男	子	善	女	人	이	遇	佛	塔
있을 유	착할 선	사내 남	아들 자	착할 선	여자 여	사람 인		만날 우	부처 불	탑 탑
寺	와	大	乘	經	典	하여	新	者	는	布
절 사		큰 대	탈 승	글 경	법 전		새 신	것 자		보시 보

소중한 마음을 발하여 찬탄하고 공경하며 보시하고 공양하면
이 사람은 큰 과보를 얻어서 한량이 없고 끝이 없을 것이며,
만약 이것을 법계에 회향하면 그 복은 비유하여 말할 수가 없다.
다시 또 지장이여, 만약 미래세 중에 선남자와 선여인이
부처님의 탑이나 절이나 대승경전을 만나

施	供	養	하며	瞻	禮	讚	歎	하며	恭	敬
베풀 시	이바지할 공	기를 양		볼 첨	예도 례	기릴 찬	찬탄할 탄		공손할 공	공경 경
合	掌	하고	若	遇	故	者	어나	或	毀	壞
합할 합	손바닥 장		만약 약	만날 우	옛 고	것 자		혹 혹	헐 훼	무너질 괴
者	어든	修	補	營	理	하되	或	獨	發	心
것 자		닦을 수	기울 보	경영할 영	다스릴 리		혹 혹	홀로 독	필 발	마음 심
하며	或	勸	多	人	하여	同	共	發	心	하면
	혹 혹	권할 권	많을 다	사람 인		한가지 동	함께 공	필 발	마음 심	
如	是	等	輩	는	三	十	生	中	에	常
같을 여	이 시	무리 등	무리 배		석 삼	열 십	날 생	가운데 중		항상 상
爲	諸	小	國	王	하고	檀	越	之	人	은
될 위	모두 제	작을 소	나라 국	임금 왕		베풀 단	넘을 월	어조사 지	사람 인	
常	爲	輪	王	하여	還	以	善	法	으로	敎
항상 상	될 위	바퀴 윤	임금 왕		돌아올 환	써 이	착할 선	법 법		가르칠 교

새 것에는 보시하고 공양을 올리며 우러러 예배하고 찬탄하며 공경하여 합장하고,
만약 오래되어 해지고 떨어진 것을 만나 보수하며 관리하되
혹 홀로 마음을 냈거나 혹 많은 사람들과 함께 마음을 내 했다면
이와 같은 사람들은 삼십 생 동안 항상 소국의 왕이 될 것이며,
인연을 맺어준 사람은 항상 전륜왕이 되어 좋은 법으로써

化	諸	小	國	王 하리라	復	次	地	藏 아
될 화	모두 제	작을 소	나라 국	임금 왕	다시 부	버금 차	땅 지	감출 장

未	來	世	中 에	若	有	善	男	子	善
아닐 미	올 래	세상 세	가운데 중	만약 약	있을 유	착할 선	사내 남	아들 자	착할 선

女	人 이	於	佛	法	中 에	所	種	善
여자 여	사람 인	어조사 어	부처 불	법 법	가운데 중	바 소	심을 종	착할 선

根 하되	或	布	施	供	養 하며	或	修	補
뿌리 근	혹 혹	보시 보	베풀 시	이바지할 공	기를 양	혹 혹	닦을 수	기울 보

塔	寺 하며	或	裝	理	經	典 하되	乃	至
탑 탑	절 사	혹 혹	꾸밀 장	다스릴 리	글 경	법 전	이에 내	이를 지

一	毛	一	塵 과	一	沙	一	渧 일지라도	如
한 일	털 모	한 일	티끌 진	한 일	모래 사	한 일	물방울 적	같을 여

是	善	事 를	但	能	廻	向	法	界 하면
이 시	착할 선	일 사	다만 단	능할 능	돌 회	향할 향	법 법	경계 계

여러 소국의 왕을 교화할 것이다.
다시 또 지장이여, 미래세 중에 만약 선남자와 선여인이
부처님의 법 중에서 선근을 심어 혹은 보시하고 공양하며
혹은 탑과 절을 보수하며 혹은 경전을 장식하거나 간수하여
털 하나, 티끌 한 개, 모래 한 알, 물 한 방울만큼의 착한 일이라도 다만 법계에 회향하면

是	人	功	德	은	百	千	生	中	에	受
이 시	사람 인	공 공	덕 덕		일백 백	일천 천	날 생	가운데 중		받을 수
上	妙	樂	하리니	如	但	廻	向	自	家	眷
위 상	묘할 묘	즐길 락		같을 여	다만 단	돌 회	향할 향	스스로 자	집 가	돌볼 권
屬	이어나	或	自	身	利	益	하면	如	是	之
무리 속		혹 혹	스스로 자	몸 신	이로울 이	더할 익		같을 여	이 시	어조사 지
果	는	卽	三	生	樂	이라	捨	一	得	萬
과실 과		곧 즉	석 삼	날 생	즐길 락		버릴 사	한 일	얻을 득	일만 만
報	리니	是	故	로	地	藏	아	布	施	因
갚을 보		이 시	연고 고		땅 지	감출 장		보시 보	베풀 시	인할 인
緣	이	其	事	如	是	니라				
인연 연		그 기	일 사	같을 여	이 시					

이 사람의 공덕은 백천 생 동안 최상의 묘한 즐거움을 받을 것이며,
다만 자기 집 권속에게만 회향하거나 자기 자신에게만 이익하게 하더라도
이와 같은 과보는 곧 삼생의 즐거움을 받으리라.
하나를 버리면 만 가지의 보답을 얻게 될 것이다.
그러므로 지장이여, 보시하는 인연이란 이와 같은 것이다."

第十一　地神護法品

차례 제 / 열 십 / 한 일 / 땅 지 / 신 신 / 도울 호 / 법 법 / 가지 품

1. 지장보살과 다른 보살들의 원력

爾時에 堅牢地神이 白佛言

너 이 / 때 시 / 굳을 견 / 우리 뢰 / 땅 지 / 신 신 / 아뢸 백 / 부처 불 / 말씀 언

하시되 世尊하 我從昔來로 瞻仰

세상 세 / 높을 존 / 나 아 / 좇을 종 / 예 석 / 올 래 / 볼 첨 / 우러를 앙

頂禮無量菩薩摩訶薩하니 皆

정수리 정 / 예도 례 / 없을 무 / 헤아릴 량 / 보리 보 / 보살 살 / 갈 마 / 꾸짖을 하 / 보살 살 / 다 개

是大不可思議인 神通智慧

이 시 / 큰 대 / 아닐 불 / 가히 가 / 생각 사 / 의논할 의 / 신 신 / 통할 통 / 슬기 지 / 슬기로울 혜

로 廣度衆生이언마는 是地藏菩薩

넓을 광 / 법도 도 / 무리 중 / 날 생 / 이 시 / 땅 지 / 감출 장 / 보리 보 / 보살 살

제11. 땅의 신들이 법을 보호하다

그때에 견뢰지신이 부처님께 사뢰었다.

"세존이시여, 저는 예전부터 지금까지 한량없는 보살마하살을 뵈옵고 정례하는데 모두 크고 불가사의한 신통력과 지혜로 널리 중생들을 제도하건마는 이 지장보살마하살은

摩	訶	薩	은	於	諸	菩	薩	보다	誓	願
갈 마	꾸짖을 하	보살 살		어조사 어	모두 제	보리 보	보살 살		맹세할 서	원할 원
이	深	重	하나이다	世	尊	하	是	地	藏	菩
	깊을 심	무거울 중		세상 세	높을 존		이 시	땅 지	감출 장	보리 보
薩	이	於	閻	浮	提	에	有	大	因	緣
보살 살		어조사 어	마을 염	뜰 부	끌 제		있을 유	큰 대	인할 인	인연 연
하시니	如	文	殊	普	賢	觀	音	彌	勒	도
	같을 여	글월 문	다를 수	넓을 보	어질 현	볼 관	소리 음	두루 미	굴레 륵	
亦	化	百	千	身	形	하여	度	於	六	道
또 역	될 화	일백 백	일천 천	몸 신	모양 형		법도 도	어조사 어	여섯 육	길 도
하시되	其	願	이	尚	有	畢	竟	이어니와	是	地
	그 기	원할 원		오히려 상	있을 유	마칠 필	마침내 경		이 시	땅 지
藏	菩	薩	은	敎	化	六	道	一	切	衆
감출 장	보리 보	보살 살		가르칠 교	될 화	여섯 육	길 도	한 일	온통 체	무리 중

다른 보살보다 서원이 더 깊고 두텁습니다.
세존이시여, 이 지장보살이 염부제에 큰 인연이 있으므로
문수, 보현, 관음, 미륵 같은 보살님도 또한 백천의 모습으로 변화하여
육도의 중생들을 제도하여도 그 원이 오히려 끝이 있는데
이 지장보살이 육도의 일체 중생들을 교화하고자

生 하시되		所	發	誓	願	劫	數 는		如	千
날 생		바 소	필 발	맹세할 서	원할 원	겁 겁	셈 수		같을 여	일천 천
百	億	恒	河	沙 나라						
일백 백	억 억	항상 항	물 하	모래 사						

2. 열 가지 이익

世	尊 하		我	觀 하오니		未	來	及	現	在
세상 세	높을 존		나 아	볼 관		아닐 미	올 래	및 급	지금 현	있을 재
衆	生 이		於	所	住	處 이나		於	南	方
무리 중	날 생		어조사 어	바 소	살 주	곳 처		어조사 어	남녘 남	방위 방
淸	潔	之	地 에		以	土	石	竹	木 으로	
맑을 청	깨끗할 결	어조사 지	땅 지		써 이	흙 토	돌 석	대 죽	나무 목	
作	其	龕	室 하고		是	中 에		能	塑	畵
지을 작	그 기	감실 감	집 실		이 시	가운데 중		능할 능	흙 빚을 소	그림 화

서원을 발한 겁 수가 천백억의 항하의 모래와 같습니다."

"세존이시여, 제가 보니 미래와 현재의 중생들이 살고 있는 곳에서
남쪽으로 청결한 땅에 흙과 돌과 대와 나무로 감실을 만들고 이 가운데에 형상을 그리거나

하되 乃至 金銀銅鐵 로 作地藏
이에 내 / 이를 지 / 쇠 금 / 은 은 / 구리 동 / 쇠 철 / 지을 작 / 땅 지 / 감출 장

形像 하고 燒香供養 하며 瞻禮讚
모양 형 / 모양 상 / 불사를 소 / 향기 향 / 이바지할 공 / 기를 양 / 볼 첨 / 예도 례 / 기릴 찬

歎 하면 是人居處 에 即得十種
찬탄할 탄 / 이 시 / 사람 인 / 살 거 / 곳 처 / 곧 즉 / 얻을 득 / 열 십 / 종류 종

利益 하리니 何等 이 爲十 고 一者
이로울 이 / 더할 익 / 어찌 하 / 무리 등 / 할 위 / 열 십 / 한 일 / 것 자

는 土地豊壤 이요 二者 는 家宅
흙 토 / 땅 지 / 풍년 풍 / 흙덩이 양 / 두 이 / 것 자 / 집 가 / 집 택

永安 이요 三者 는 先亡生天 이요
길 영 / 편안 안 / 석 삼 / 것 자 / 먼저 선 / 죽을 망 / 날 생 / 하늘 천

四者 는 現存益壽 요 五者 는
넉 사 / 것 자 / 지금 현 / 있을 존 / 더할 익 / 목숨 수 / 다섯 오 / 것 자

금과 은과 구리쇠와 무쇠로 지장보살의 형상을 만들고
향을 살라 공양을 올리고 우러러 예배하고 찬탄하면
이 사람이 사는 곳은 곧 열 가지 이익을 얻게 됩니다. 무엇이 열 가지냐 하면,
1. 토지마다 풍년이 들 것이며, 2. 집안이 길이 편안할 것이며,
3. 먼저 돌아가신 이는 하늘에 날 것이며, 4. 현재 남아 있는 사람의 수명이 늘어날 것이며,

求	者	遂	意	요	六	者	는	無	水	火
구할 **구**	것 **자**	이를 **수**	뜻 **의**		여섯 **육**	것 **자**		없을 **무**	물 **수**	불 **화**
災	요	七	者	는	虛	耗	辟	除	요	八
재앙 **재**		일곱 **칠**	것 **자**		빌 **허**	소모할 **모**	피할 **벽**	덜 **제**		여덟 **팔**
者	는	杜	絶	惡	夢	이요	九	者	는	出
것 **자**		막을 **두**	끊을 **절**	악할 **악**	꿈 **몽**		아홉 **구**	것 **자**		날 **출**
入	神	護	요	十	者	는	多	遇	聖	因
들 **입**	신 **신**	도울 **호**		열 **십**	것 **자**		많을 **다**	만날 **우**	성스러울 **성**	인할 **인**
하리라	世	尊	하	未	來	世	中	과	及	現
	세상 **세**	높을 **존**		아닐 **미**	올 **래**	세상 **세**	가운데 **중**		및 **급**	지금 **현**
在	衆	生	이	若	能	於	所	住	處	方
있을 **재**	무리 **중**	날 **생**		만약 **약**	능할 **능**	어조사 **어**	바 **소**	살 **주**	곳 **처**	방위 **방**
面	에	作	如	是	供	養	하면	得	如	是
방면 **면**		지을 **작**	같을 **여**	이 **시**	이바지할 **공**	기를 **양**		얻을 **득**	같을 **여**	이 **시**

5. 구하는 것이 뜻대로 이루어질 것이며, 6. 물과 불의 재앙이 없을 것이며,
7. 헛되이 소모되는 일이 없고, 8. 나쁜 꿈이 없으며,
9. 들어오고 나갈 때 신장의 보호를 받게 될 것이며,
10. 성스러운 인연을 많이 만나게 되는 것입니다.
세존이시여, 미래세나 현재세의 중생들이 만약 거주하는 곳에서
이와 같은 공양을 올리면 이와 같은 이익을 얻을 것입니다."

利	益	하리라	堅	牢	地	神	이	復	白	佛
이로울 이	더할 익		굳을 견	우리 뢰	땅 지	신 신		다시 부	아뢸 백	부처 불
言	하시되	世	尊	하	未	來	世	中	에	若
말씀 언		세상 세	높을 존		아닐 미	올 래	세상 세	가운데 중		만약 약
有	善	男	子	善	女	人	이	於	所	住
있을 유	착할 선	사내 남	아들 자	착할 선	여자 여	사람 인		어조사 어	바 소	살 주
處	에	見	此	經	典	과	及	菩	薩	像
곳 처		볼 견	이 차	글 경	법 전		및 급	보리 보	보살 살	모양 상
하고	是	人	이	更	能	轉	讀	經	典	하며
	이 시	사람 인		다시 갱	능할 능	구를 전	읽을 독	글 경	법 전	
供	養	菩	薩	하면	我	常	日	夜	에	以
이바지할 공	기를 양	보리 보	보살 살		나 아	항상 상	해 일	밤 야		써 이
本	神	力	으로	衛	護	是	人	하여	乃	至
근본 본	신통할 신	힘 력		지킬 위	도울 호	이 시	사람 인		이에 내	이를 지

　견뢰지신이 다시 부처님께 사뢰기를,
"세존이시여, 미래세 가운데 만약 선남자와 선여인이 거주하는 곳에서
이 경전과 보살의 형상을 보고 이 사람이 다시 경전을 독송하며 지장보살님께 공양을 올리면,
제가 항상 낮과 밤에 본래의 신력을 가지고 이 사람을 호위하여

水	火	盜	賊	이며	大	橫	小	橫	이며	一
물 수	불 화	훔칠 도	도둑 적		큰 대	뜻밖의 횡	작을 소	뜻밖의 횡		한 일
切	惡	事	를	悉	皆	消	滅	케하리다		
온통 체	악할 악	일 사		다 실	다 개	사라질 소	멸할 멸			

3. 지신에게 부촉하다

佛	告	地	神	하되	堅	牢	야	汝	의	大
부처 불	고할 고	땅 지	신 신		굳을 견	우리 뢰		너 여		큰 대
神	力	은	諸	神	의	少	及	이니	何	以
신통할 신	힘 력		모두 제	신 신		적을 소	미칠 급		어찌 하	써 이
故	오	閻	浮	土	地	悉	蒙	汝	護	하며
연고 고		마을 염	뜰 부	흙 토	땅 지	다 실	입을 몽	너 여	도울 호	
乃	至	草	木	沙	石	과	稻	麻	竹	葦
이에 내	이를 지	풀 초	나무 목	모래 사	돌 석		벼 도	삼 마	대 죽	갈대 위

수재나 화재나 도적이나 큰 횡액과 작은 횡액 등 일체의 악한 일을
모두 소멸시켜 주겠습니다."

부처님께서 지신에게 이르시었다. "견뢰여, 그대의 큰 신력은 다른 신이 미치지 못한다.
왜냐하면 염부제의 토지가 모두 그대의 보호함을 입어서
풀과 나무와 모래와 돌과 벼와 삼과 대와 갈대와

와	穀 곡식 곡	米 쌀 미	寶 보배 보	貝 조개 패	히	從 좇을 종	地 땅 지	而 말 이을 이	有 있을 유	는
皆 다 개	因 인할 인	汝 너 여	力 힘 력		이어늘	又 또 우	當 마땅 당	稱 일컬을 칭	揚 날릴 양	地 땅 지	藏 감출 장
菩 보리 보	薩 보살 살	利 이로울 이	益 더할 익	之 어조사 지	事 일 사	하나니	汝 너 여	之 어조사 지	功 공 공	德 덕 덕
과	及 및 급	以 써 이	神 신통할 신	通 통할 통		은	百 일백 백	千 일천 천	倍 곱 배	於 어조사 어	常 항상 상
分 나눌 분	地 땅 지	神 신 신		하니라	若 만약 약	未 아닐 미	來 올 래	世 세상 세	中 가운데 중	에	有 있을 유
善 착할 선	男 사내 남	子 아들 자	善 착할 선	女 여자 여	人 사람 인	이	供 이바지할 공	養 기를 양	菩 보리 보	薩 보살 살
하며	及 및 급	轉 구를 전	讀 읽을 독	是 이 시	經 글 경	하되	但 다만 단	依 의지할 의	地 땅 지	藏 감출 장

곡식과 쌀과 보배까지 땅에서 나는 것은 모두 그대의 신력에 기인한 것이거늘,
또한 지장보살의 이익에 대한 일을 찬양하니
그대의 공덕과 신통력은 보통 지신들보다 백천 배나 더할 것이다.
만약 미래세 중에 선남자와 선여인이 지장보살을 공양하고 이 경전을 독송하되
다만 지장보살본원경을 의지하여

本	願	經	하여	一	事	修	行	者	라도	汝
근본 본	원할 원	글 경		한 일	일 사	닦을 수	행할 행	사람 자		너 여
以	本	神	力	으로	而	擁	護	之	하여	勿
써 이	근본 본	신통할 신	힘 력		말 이을 이	호위할 옹	호위할 호	어조사 지		말 물
令	一	切	災	害	와	及	不	如	意	事
하여금 령	한 일	온통 체	재앙 재	해할 해		및 급	아닐 불	같을 여	뜻 의	일 사
輒	聞	於	耳	어든	何	況	令	受	이리오	非
문득 첩	들을 문	어조사 어	귀 이		어찌 하	하물며 황	하여금 영	받을 수		아닐 비
但	汝	獨	護	是	人	故	하고	亦	有	釋
다만 단	너 여	홀로 독	도울 호	이 시	사람 인	연고 고		또 역	있을 유	풀 석
梵	眷	屬	과	諸	天	眷	屬	이	擁	護
하늘 범	돌볼 권	무리 속		모두 제	하늘 천	돌볼 권	무리 속		호위할 옹	도울 호
是	人	하리니	何	故	로	得	如	是	聖	賢
이 시	사람 인		어찌 하	연고 고		얻을 득	같을 여	이 시	성인 성	어질 현

한 가지만 수행하는 자라도 그대는 본래의 신력을 가지고 옹호하여
일체의 재해나 뜻과 같이 되지 않는 일이 전혀 귀에 들리지도 않게 하겠거든
어찌 하물며 직접 받게 되겠는가.
다만 그대만 홀로 이 사람들을 옹호할 뿐 아니라
또한 제석과 범천의 권속과 제천의 권속도 이 사람을 옹호할 것이다.
무슨 까닭으로 이와 같이 성현의 옹호를 받는가 하면

의	擁	護	어뇨	皆	由	瞻	禮	地	藏	形
	호위할 옹	도울 호		다 개	말미암을 유	볼 첨	예도 례	땅 지	감출 장	모양 형
像	하며	及	轉	讀	是	本	願	經	故	로
모양 상		및 급	구를 전	읽을 독	이 시	근본 본	원할 원	글 경	연고 고	
自	然	畢	竟	에	出	離	苦	海	하여	證
스스로 자	그럴 연	마칠 필	마침내 경		날 출	떠날 리	괴로울 고	바다 해		깨달을 증
涅	槃	樂	하리니	以	是	之	故	로	得	大
개흙 열	쟁반 반	즐길 락		써 이	이 시	어조사 지	연고 고		얻을 득	큰 대
擁	護	하나니라
호위할 옹	도울 호	

모두 지장보살의 형상을 우러러 예배하고 이 지장보살본원경을 독송하기 때문이니라.
그리고 끝내는 저절로 고해를 벗어나서 열반락을 증득하게 될 것이니
이러한 까닭으로 큰 옹호를 받게 되리라."

第	十	二		見	聞	利	益	品	
차례 제	열 십	두 이		볼 견	들을 문	이로울 이	더할 익	가지 품	

1. 광명을 놓다

爾	時 에		世	尊 이		從	頂	門	上 하사	
너 이	때 시		세상 세	높을 존		좇을 종	정수리 정	문 문	위 상	
放	百	千	萬	億	大	毫	相	光 하시니		所
놓을 방	일백 백	일천 천	일만 만	억 억	큰 대	터럭 호	모양 상	빛 광		바 소
謂	白	毫	相	光 과		大	白	毫	相	光
이를 위	흰 백	터럭 호	모양 상	빛 광		큰 대	흰 백	터럭 호	모양 상	빛 광
이며	瑞	毫	相	光 과		大	瑞	毫	相	光
	상서 서	터럭 호	모양 상	빛 광		큰 대	상서 서	터럭 호	모양 상	빛 광
이며	玉	毫	相	光 과		大	玉	毫	相	光
	옥 옥	터럭 호	모양 상	빛 광		큰 대	옥 옥	터럭 호	모양 상	빛 광

제12. 보고 듣는 이익

그때에 세존께서 이마 위로부터 백천만억의 대호상의 광명을 놓으시니,
이른바 백호상광명과 대백호상광명과 서호상광명과 대서호상광명과
옥호상광명과 대옥호상광명과

	紫	毫	相	光		大	紫	毫	相	光
이며	자줏빛 자	터럭 호	모양 상	빛 광	과	큰 대	자줏빛 자	터럭 호	모양 상	빛 광
	青	毫	相	光		大	青	毫	相	光
이며	푸를 청	터럭 호	모양 상	빛 광	과	큰 대	푸를 청	터럭 호	모양 상	빛 광
	碧	毫	相	光		大	碧	毫	相	光
이며	푸를 벽	터럭 호	모양 상	빛 광	과	큰 대	푸를 벽	터럭 호	모양 상	빛 광
	紅	毫	相	光		大	紅	毫	相	光
이며	붉을 홍	터럭 호	모양 상	빛 광	과	큰 대	붉을 홍	터럭 호	모양 상	빛 광
	綠	毫	相	光		大	綠	毫	相	光
이며	초록빛 녹	터럭 호	모양 상	빛 광	과	큰 대	초록빛 녹	터럭 호	모양 상	빛 광
	金	毫	相	光		大	金	毫	相	光
이며	쇠 금	터럭 호	모양 상	빛 광	과	큰 대	쇠 금	터럭 호	모양 상	빛 광
	慶	雲	毫	相	光	과	大	慶	雲	毫
이며	경사 경	구름 운	터럭 호	모양 상	빛 광		큰 대	경사 경	구름 운	터럭 호

자호상광명과 대자호상광명과 청호상광명과 대청호상광명과
벽호상광명과 대벽호상광명과 홍호상광명과 대홍호상광명과
녹호상광명과 대녹호상광명과 금호상광명과 대금호상광명과
경운호상광명과 대경운호상광명과

相	光	이며	千	輪	毫	光	과	大	千	輪
모양 상	빛 광		일천 천	바퀴 륜	터럭 호	빛 광		큰 대	일천 천	바퀴 륜
毫	光	이며	寶	輪	毫	光	과	大	寶	輪
터럭 호	빛 광		보배 보	바퀴 륜	터럭 호	빛 광		큰 대	보배 보	바퀴 륜
毫	光	이며	日	輪	毫	光	과	大	日	輪
터럭 호	빛 광		해 일	바퀴 륜	터럭 호	빛 광		큰 대	해 일	바퀴 륜
毫	光	이며	月	輪	毫	光	과	大	月	輪
터럭 호	빛 광		달 월	바퀴 륜	터럭 호	빛 광		큰 대	달 월	바퀴 륜
毫	光	이며	宮	殿	毫	光	과	大	宮	殿
터럭 호	빛 광		집 궁	전각 전	터럭 호	빛 광		큰 대	집 궁	전각 전
毫	光	이며	海	雲	毫	光	과	大	海	雲
터럭 호	빛 광		바다 해	구름 운	터럭 호	빛 광		큰 대	바다 해	구름 운
毫	光	이니라								
터럭 호	빛 광									

천륜호광명과 대천륜호광명과 보륜호광명과 대보륜호광명과
일륜호광명과 대일륜호광명과 월륜호광명과 대월륜호광명과
궁전호광명과 대궁전호광명과 해운호광명과 대해운호광명이었다.

2. 관세음보살이 법을 청하다

於	頂	門	上		放	如	是	等	毫	相
어조사 어	정수리 정	문 문	위 상	에	놓을 방	같을 여	이 시	무리 등	터럭 호	모양 상
光	已		出	微	妙	音		告	諸	大
빛 광	이미 이	하시고	날 출	작을 미	묘할 묘	소리 음	하사	고할 고	모두 제	큰 대
衆		天	龍	八	部	人	非	人	等	
무리 중	과	하늘 천	용 룡	여덟 팔	거느릴 부	사람 인	아닐 비	사람 인	무리 등	하시되
聽	吾	今	日		於	忉	利	天	宮	
들을 청	나 오	이제 금	날 일	에	어조사 어	근심할 도	이로울 리	하늘 천	집 궁	에
稱	揚	讚	歎	地	藏	菩	薩		於	人
일컬을 칭	날릴 양	기릴 찬	찬탄할 탄	땅 지	감출 장	보리 보	보살 살	의	어조사 어	사람 인
天	中		利	益	等	事		不	思	議
하늘 천	가운데 중	에	이로울 이	더할 익	무리 등	일 사	와	아닐 부	생각 사	의논할 의

이마 위에서 이와 같은 호상의 광명을 놓으신 뒤에
미묘한 음성을 내어 모든 대중과 천룡팔부와 사람인 듯 아닌 듯한 이들에게 이르시었다.
"내가 오늘 도리천궁에서 지장보살이
인간과 천상 가운데서 이익이 되는 일과 불가사의한 일과

事 일 사	와	超 뛰어넘을 초	聖 성스러울 성	因 인할 인	事 일 사	와	證 깨달을 증	十 열 십	地 지위 지	事 일 사
와		畢 마칠 필	竟 마침내 경	不 아닐 불	退 물러날 퇴	阿 언덕 아	耨 김맬 누(녹)	多 많을 다	羅 그물 라	三 석 삼	藐 아득할 막(먁)
三 석 삼	菩 보리 보	提 끌 제(리)	事 일 사	하라	說 말씀 설	是 이 시	語 말씀 어	時 때 시	에	會 모일 회
中 가운데 중	에	有 있을 유	一 한 일	菩 보리 보	薩 보살 살	摩 갈 마	訶 꾸짖을 하	薩 보살 살	하시니	名 이름 명
은	觀 볼 관	世 세상 세	音 소리 음	이라	從 좇을 종	座 자리 좌	而 말 이을 이	起 일어날 기	하사	胡 턱밑 살 호
跪 꿇어앉을 궤	合 합할 합	掌 손바닥 장	하여	白 아뢸 백	佛 부처 불	言 말씀 언	하시되	世 세상 세	尊 높을 존	하
是 이 시	地 땅 지	藏 감출 장	菩 보리 보	薩 보살 살	摩 갈 마	訶 꾸짖을 하	薩 보살 살	이	具 갖출 구	大 큰 대

매우 성스러운 인연의 일과 십지를 증득하는 일과
마침내는 최상의 깨달음에서 퇴전하지 않는 일을 일컬어 찬탄함을 들어 보라."
이 말씀을 설하실 때에 법회 중에 한 보살마하살이 계시니 이름은 관세음이라,
자리에서 일어나서 호궤합장하고 부처님께 사뢰었다.
"세존이시여, 이 지장보살마하살이 대자대비를 갖추고

慈	悲	하사	憐	愍	罪	苦	衆	生	하여		於
사랑 자	슬플 비		불쌍히여길 연	근심할 민	허물 죄	괴로울 고	무리 중	날 생			어조사 어
千	萬	億	世	界	에	化	千	萬	億	身	
일천 천	일만 만	억 억	세상 세	경계 계		될 화	일천 천	일만 만	억 억	몸 신	
하사	所	有	功	德	과	及	不	思	議	威	
	바 소	있을 유	공 공	덕 덕		및 급	아닐 부	생각 사	의논할 의	위엄 위	
神	之	力	을	我	已	聞	世	尊	이	與	
신통할 신	어조사 지	힘 력		나 아	이미 이	들을 문	세상 세	높을 존		더불어 여	
十	方	無	量	諸	佛	과	異	口	同	音	
열 십(시)	방위 방	없을 무	헤아릴 량	모두 제	부처 불		다를 이	입 구	한가지 동	소리 음	
으로	讚	歎	地	藏	菩	薩	하시오니	云	何	使	
	기릴 찬	찬탄할 탄	땅 지	감출 장	보리 보	보살 살		이를 운	어찌 하	하여금 사	
過	去	現	在	未	來	諸	佛	이	說	其	
지날 과	갈 거	지금 현	있을 재	아닐 미	올 래	모두 제	부처 불		말씀 설	그 기	

죄고의 중생들을 불쌍하게 생각하여 천만억 세계에서 천만억의 몸으로 변화하고
온갖 공덕과 불가사의한 위신력을 소유하고 있음은
제가 이미 세존과 시방세계의 한량없는 여러 부처님들께서
이구동성으로 지장보살을 찬탄하실 때 들었습니다.
어찌하여 과거와 현재와 미래의 여러 부처님들께서

功	德	하여도	猶	不	能	盡	이닛고	向	者	에
공 공	덕 덕		오히려 유	아닐 불	능할 능	다할 진		지난번 향	것 자	
又	蒙	世	尊	이	普	告	大	衆	하시되	欲
또 우	입을 몽	세상 세	높을 존		넓을 보	고할 고	큰 대	무리 중		하고자할 욕
稱	揚	地	藏	利	益	等	事	하시오니	唯	願
일컬을 칭	날릴 양	땅 지	감출 장	이로울 이	더할 익	무리 등	일 사		오직 유	원할 원
世	尊	하	爲	現	在	未	來	一	切	衆
세상 세	높을 존		위할 위	지금 현	있을 재	아닐 미	올 래	한 일	온통 체	무리 중
生	하사	稱	揚	地	藏	不	思	議	事	하시와
날 생		일컬을 칭	날릴 양	땅 지	감출 장	아닐 부	생각 사	의논할 의	일 사	
令	天	龍	八	部	로	瞻	禮	獲	福	케하소서
하여금 영	하늘 천	용 룡	여덟 팔	거느릴 부		볼 첨	예도 례	얻을 획	복 복	

3. 관세음보살을 찬탄하다

그의 공덕을 말씀하여도 오히려 다하실 수 없습니까?
앞서 세존께서 널리 대중들에게 지장보살의 이익 등에 관한 일을 드러내심을 들었습니다.
원컨대 세존께서는 현재와 미래의 일체 중생들을 위하여
지장보살의 불가사의한 일을 드날리시어 천룡팔부로 하여금
우러러 예배하여 복을 얻게 하여 주십시오."

佛	告	觀	世	音	菩	薩	하시되	汝	於	娑
부처 불	고할 고	볼 관	세상 세	소리 음	보리 보	보살 살		너 여	어조사 어	춤출 사
婆	世	界	에	有	大	因	緣	하여	若	天
할미 파(바)	세상 세	경계 계		있을 유	큰 대	인할 인	인연 연		및 약	하늘 천
若	龍	과	若	男	若	女	와	若	神	若
및 약	용 룡		및 약	사내 남	및 약	여자 녀		및 약	신 신	및 약
鬼	와	乃	至	六	道	罪	苦	衆	生	이
귀신 귀		이에 내	이를 지	여섯 육	길 도	허물 죄	괴로울 고	무리 중	날 생	
聞	汝	名	者	와	見	汝	形	者	와	戀
들을 문	너 여	이름 명	사람 자		볼 견	너 여	모양 형	사람 자		그릴 연
慕	汝	者	와	讚	歎	汝	者	는	是	諸
그릴 모	너 여	사람 자		기릴 찬	찬탄할 탄	너 여	사람 자		이 시	모두 제
衆	生	이	悉	於	無	上	道	에	必	不
무리 중	날 생		다 실	어조사 어	없을 무	위 상	길 도		반드시 필	아닐 불

부처님께서 관세음보살에게 이르시었다.
"그대는 저 사바세계에 큰 인연이 있어
천인들과 용과 남자와 여자와 신과 귀신, 내지는 육도의 죄고 중생들까지
그대의 이름을 듣는 자나 그대의 형상을 보는 자나
그대를 생각하고 사모하는 자나 그대를 찬탄하는 자 등 이 모든 중생들은
모두 최상의 깨달음에서 퇴전하지 아니하고

退	轉	하여	常	生	人	天	하여	具	受	妙
물러날 퇴	구를 전		항상 상	날 생	사람 인	하늘 천		갖출 구	받을 수	묘할 묘
樂		因	果	將	熟	하면	遇	佛	授	記
즐길 락	하여	인할 인	과실 과	장차 장	익을 숙		만날 우	부처 불	줄 수	기록할 기
하리라	汝	今	에	具	大	慈	悲	하여	隣	愍
	너 여	이제 금		갖출 구	큰 대	사랑 자	슬플 비		불쌍히여길 연	근심할 민
衆	生	과	及	天	龍	八	部	하여	欲	聽
무리 중	날 생		및 급	하늘 천	용 룡	여덟 팔	거느릴 부		하고자할 욕	들을 청
吾	의	宣	說	地	藏	菩	薩	不	思	議
나 오		베풀 선	말씀 설	땅 지	감출 장	보리 보	보살 살	아닐 부	생각 사	의논할 의
利	益	之	事	하니	汝	當	諦	聽	하라	吾
이로울 이	더할 익	어조사 지	일 사		너 여	마땅 당	살필 체	들을 청		나 오
今	說	之	하리라	觀	世	音	이	言	하되	唯
이제 금	말씀 설	어조사 지		볼 관	세상 세	소리 음		말씀 언		예 유

항상 인간과 천상에 나서 즐거움을 갖추어 받게 되며
인과가 성숙하면 부처님의 수기를 받을 것이다.
그대는 지금 대자대비의 마음을 갖추고 중생들과 천룡팔부들을 불쌍하게 생각하여
내가 지장보살의 불가사의한 이익되는 일들에 관해 설명하는 것을 듣고자 하니
그대는 자세히 들어라. 내 지금 말하리라."
관세음보살이 말씀하였다.

然 世 尊하 願 樂 欲 聞하나이다
그럴 연 / 세상 세 / 높을 존 / 원할 원 / 좋아할 요 / 하고자할 욕 / 들을 문

4. 복이 다할 때를 대비하여

佛 告 觀 世 音 菩 薩하시되 未 來 現
부처 불 / 고할 고 / 볼 관 / 세상 세 / 소리 음 / 보리 보 / 보살 살 / 아닐 미 / 올 래 / 지금 현

在 諸 世 界 中에 有 天 人이 受
있을 재 / 모두 제 / 세상 세 / 경계 계 / 가운데 중 / 있을 유 / 하늘 천 / 사람 인 / 받을 수

天 福 盡하여 有 五 衰 相이 現하여
하늘 천 / 복 복 / 다할 진 / 있을 유 / 다섯 오 / 쇠할 쇠 / 모양 상 / 나타날 현

或 有 墮 於 惡 道 之 者라도 如 是
혹 혹 / 있을 유 / 떨어질 타 / 어조사 어 / 악할 악 / 길 도 / 어조사 지 / 사람 자 / 같을 여 / 이 시

天 人의 若 男 若 女 當 現 相 時
하늘 천 / 사람 인 / 및 약 / 사내 남 / 및 약 / 여자 녀 / 당할 당 / 나타날 현 / 모양 상 / 때 시

"예, 그렇게 해 주십시오. 세존이시여, 즐거이 듣고자 원합니다."

부처님께서 관세음보살에게 이르시었다.
"미래와 현재의 모든 세계 중에 하늘 사람들이 천상의 복을 다 받고는
다섯 가지 쇠퇴하는 현상이 나타나서 혹 악도에 떨어지는 자가 있게 된다.
그때 이와 같은 천인의 남자나 여자가 그러한 현상이 나타날 때를 맞이하여

혹 지장보살의 형상을 보거나 혹 지장보살의 이름을 듣고 한 번 보고 예배하게 되면
이 모든 천인이 하늘의 복을 더욱 더 늘리고 큰 쾌락을 받아
영원히 삼악도의 과보에 떨어지지 아니하리라.
그런데 하물며 지장보살을 보고 지장보살의 이름을 듣고 하여
여러 가지 향과 꽃과 의복과 음식과 보배와 영락들을 가지고 보시하고 공양함이겠느냐.
그리하여 얻은 공덕과 복과 이익은 한량없고 끝이 없을 것이다."

利는 無量無邊하리라

이로울 리 / 없을 무 / 헤아릴 량 / 없을 무 / 가 변

5. 임종 시에

復次 觀世音아 若未來現在
다시 부 / 버금 차 / 볼 관 / 세상 세 / 소리 음 / 만약 약 / 아닐 미 / 올 래 / 지금 현 / 있을 재

諸世界中에 六道衆生이 臨
모두 제 / 세상 세 / 경계 계 / 가운데 중 / 여섯 육 / 길 도 / 무리 중 / 날 생 / 임할 임

命終時에 得聞地藏菩薩名
목숨 명 / 마칠 종 / 때 시 / 얻을 득 / 들을 문 / 땅 지 / 감출 장 / 보리 보 / 보살 살 / 이름 명

하되 一聲이나 歷耳根者는 是諸
한 일 / 소리 성 / 지날 역 / 귀 이 / 뿌리 근 / 것 자 / 이 시 / 모두 제

衆生이 永不歷三惡道苦하리니
무리 중 / 날 생 / 길 영 / 아닐 불 / 지날 력 / 석 삼 / 악할 악 / 길 도 / 괴로울 고

"다시 또 관세음보살이여,
만약 미래와 현재의 모든 세계 중에 육도의 중생들이 목숨을 마칠 때가 되어
지장보살의 이름을 얻어 들어서 한 소리만 귓가를 스치더라도
이 모든 중생들은 영원히 삼악도의 고통에 떨어지지 아니하리라.

何	況	臨	命	終	時 에		父	母	眷	屬
어찌 하	하물며 황	임할 임	목숨 명	마칠 종	때 시		아버지 부	어머니 모	돌볼 권	무리 속
이	將	是	命	終	人	의	舍	宅	財	物
	장차 장	이 시	목숨 명	마칠 종	사람 인		집 사	집 택	재물 재	물건 물
과	寶	貝	衣	服		으로	塑	畵	地	藏	形
	보배 보	조개 패	옷 의	옷 복			흙 빚을 소	그림 화	땅 지	감출 장	모양 형
像	커나	或	使	病	人	未	終	之	時 에
모양 상		혹 혹	하여금 사	병 병	사람 인	아닐 미	마칠 종	어조사 지	때 시
或	眼	耳	見	聞 하여		知	道	眷	屬 이
혹 혹	눈 안	귀 이	볼 견	들을 문		알 지	도리 도	돌볼 권	무리 속
將	舍	宅	寶	貝	等 하여	爲	其	自	身
장차 장	집 사	집 택	보배 보	조개 패	무리 등	위할 위	그 기	스스로 자	몸 신
하여	塑	畵	地	藏	菩	薩	形	像 하면	是
	흙 빚을 소	그림 화	땅 지	감출 장	보리 보	보살 살	모양 형	모양 상	이 시

그런데 어찌 하물며 목숨을 마칠 때가 되어 부모와 권속들이
이 목숨을 마치는 사람의 집이나 재물과 보배와 의복을 가지고
지장보살의 형상을 조성하거나 그림을 그리고,
혹 병든 사람이 죽기 전에 눈으로 보게 하고 귀로 듣게 하는 것이겠는가.
도리를 아는 친척들이 집이나 보배 등을 가지고 그 자신을 위하여
지장보살의 형상을 조성하거나 그림으로 그리면

人 이		若	是	業	報 로		合	受	重	病
사람 인		만약 약	이 시	업 업	갚을 보		합할 합	받을 수	무거울 중	병 병
者 라도		承	斯	功	德 하여		尋	卽	除	愈
것 자		이을 승	이 사	공 공	덕 덕		이윽고 심	곧 즉	덜 제	나을 유
하고	壽	命 이		增	益 하며		是	人 이		若
	목숨 수	목숨 명		더할 증	더할 익		이 시	사람 인		만약 약
是	業	報	命	盡 하여		應	有	一	切	罪
이 시	업 업	갚을 보	목숨 명	다할 진		응당 응	있을 유	한 일	온통 체	허물 죄
障	業	障 으로		合	墮	惡	趣	者 라도		承
막을 장	업 업	막을 장		적합할 합	떨어질 타	악할 악	갈래 취	것 자		이을 승
斯	功	德 하여		命	終	之	後 에		卽	生
이 사	공 공	덕 덕		목숨 명	마칠 종	어조사 지	뒤 후		곧 즉	날 생
人	天 하여		受	勝	妙	樂 하고		一	切	罪
사람 인	하늘 천		받을 수	수승할 승	묘할 묘	즐길 락		한 일	온통 체	허물 죄

이 사람의 업보가 중병을 받을 만하더라도
이 공덕을 입어서 곧 병이 낫고 수명이 불어나게 되리라.
이 사람이 만약 이 업보로 말미암아 수명이 다하여
일체의 죄업으로 인해 악도에 떨어지는 것이 마땅할지라도
이 공덕을 입어서 목숨을 마친 뒤에 곧 인간과 천상에 태어나서
수승한 즐거움을 받고 모든 죄가 다 소멸하리라."

障은 悉皆消滅하리라

막을 장 　 다 실 　 다 개 　 사라질 소 　 멸할 멸

6. 외로운 처지에서

復次觀世音菩薩아 若未來

다시 부 　 버금 차 　 볼 관 　 세상 세 　 소리 음 　 보리 보 　 보살 살 　 　 만약 약 　 아닐 미 　 올 래

世에 有男子女人이 或乳哺

세상 세 　 　 있을 유 　 사내 남 　 아들 자 　 여자 여 　 사람 인 　 　 혹 혹 　 젖 유 　 먹일 포

時나 或三歲五歲와 十歲已

때 시 　 　 혹 혹 　 석 삼 　 해 세 　 다섯 오 　 해 세 　 　 열 십 　 해 세 　 이미 이

下에 亡失父母커나 乃及亡失

아래 하 　 　 죽을 망 　 잃을 실 　 아버지 부 　 어머니 모 　 　 이에 내 　 및 급 　 죽을 망 　 잃을 실

兄弟姉妹하고 是人이 年旣長

맏 형 　 아우 제 　 손윗누이 자 　 누이 매 　 　 이 시 　 사람 인 　 　 해 연 　 이미 기 　 길 장

"다시 또 관세음보살이여, 만약 미래세에 남자나 여인이
혹 젖먹이 때나 혹 세 살이나 다섯 살이나 열 살 이하에 부모와 형제와 자매를 잃고,
이 사람이 나이가 들어서

大 하여		思	憶	父	母 와		及	諸	眷	屬
큰 대		생각 사	생각할 억	아버지 부	어머니 모		및 급	모두 제	돌볼 권	무리 속
하여	不	知	落	在	何	趣 하며		生	何	世
	아닐 부	알 지	떨어질 락	있을 재	어찌 하	갈래 취		날 생	어찌 하	세상 세
界	하며	生	何	天	中 인가하여		是	人 이		若
경계 계		날 생	어찌 하	하늘 천	가운데 중		이 시	사람 인		만약 약
能	塑	畵	地	藏	菩	薩	形	像 커나		乃
능할 능	흙 빚을 소	그림 화	땅 지	감출 장	보리 보	보살 살	모양 형	모양 상		이에 내
至	聞	名 하고		一	瞻	一	禮 커나		一	日
이를 지	들을 문	이름 명		한 일	볼 첨	한 일	예도 례		한 일	날 일
至	七	日 히		莫	退	初	心 하고		聞	名
이를 지	일곱 칠	날 일		없을 막	물러날 퇴	처음 초	마음 심		들을 문	이름 명
見	形 하며		瞻	禮	供	養 하면		是	人	眷
볼 견	모양 형		볼 첨	예도 례	이바지할 공	기를 양		이 시	사람 인	돌볼 권

부모와 권속을 생각하고 그리워하나 어떤 곳에 떨어졌는지,
어떤 세계에 태어났는지, 어떤 하늘에 태어났는지를 알지 못한다고 하자.
이러한 경우 이 사람이 지장보살의 형상을 조성하거나 그림으로 그리며,
또한 이름을 듣고 한 번 뵈옵고 한 번 예배하여
첫날부터 7일까지 처음 마음에서 물러서지 아니하고
지장보살의 이름을 듣거나 형상을 보고 우러러 예배하고 공양하면,

屬 이		假	因	業	故 로		墮	惡	趣	者
무리 속		가령 가	인할 인	업 업	연고 고		떨어질 타	악할 악	갈래 취	것 자
計	當	劫	數 라도		承	斯	男	女	兄	弟
셈 계	마땅 당	겁 겁	셈 수		이을 승	이 사	사내 남	여자 녀	맏 형	아우 제
姊	妹	塑	畵	地	藏	形	像 하여		瞻	禮
손윗누이 자	누이 매	흙 빚을 소	그림 화	땅 지	감출 장	모양 형	모양 상		볼 첨	예도 례
功	德 으로		尋	卽	解	脫 하고		生	人	天
공 공	덕 덕		이윽고 심	곧 즉	풀 해	벗을 탈		날 생	사람 인	하늘 천
中 하여		受	勝	妙	樂	者 하리며		是	人 의	
가운데 중		받을 수	수승할 승	묘할 묘	즐길 락	것 자		이 시	사람 인	
眷	屬 이		如	有	福	力 하여		已	生	人
돌볼 권	무리 속		같을 여	있을 유	복 복	힘 력		이미 이	날 생	사람 인
天 하여		受	勝	妙	樂	者 는		卽	承	斯
하늘 천		받을 수	수승할 승	묘할 묘	즐길 락	사람 자		곧 즉	이을 승	이 사

이 사람의 권속들이 설사 악업 때문에 악취에 떨어져서 몇 겁을 지내야 하는 데 해당하더라도
이 남녀의 형제와 자매는 지장보살의 형상을 조성하고 그림으로 그려서 우러러 예배한 공덕으로
곧 해탈을 얻어 인간이나 천상에 나서 수승한 즐거움을 받게 되리라.
그리고 이 사람의 권속이 만약 복력이 있어서 이미 인간과 천상에 나서
수승한 즐거움을 받고 있는 이라면

功	德	하여	轉	增	聖	因	하고	受	無	量
공 공	덕 덕		구를 전	더할 증	성스러울 성	인할 인		받을 수	없을 무	헤아릴 량
樂	하리니	是	人	이	更	能	三	七	日	中
즐길 락		이 시	사람 인		다시 갱	능할 능	석 삼	일곱 칠	날 일	가운데 중
에	一	心	瞻	禮	地	藏	菩	薩	形	像
	한 일	마음 심	볼 첨	예도 례	땅 지	감출 장	보리 보	보살 살	모양 형	모양 상
하여	念	其	名	字	하되	滿	於	萬	遍	하면
	생각 염	그 기	이름 명	글자 자		찰 만	어조사 어	일만 만	횟수 편	
當	得	菩	薩	이	現	無	邊	身	하여	具
마땅 당	얻을 득	보리 보	보살 살		나타날 현	없을 무	가 변	몸 신		갖출 구
告	是	人	眷	屬	의	生	界	하리며	或	於
고할 고	이 시	사람 인	돌볼 권	무리 속		날 생	경계 계		혹 혹	어조사 어
夢	中	에	菩	薩	이	現	大	神	力	하여
꿈 몽	가운데 중		보리 보	보살 살		나타날 현	큰 대	신통할 신	힘 력	

곧 이 공덕을 입어서 성스러운 인연이 더욱 증가하여 한량없는 즐거움을 받게 되리라.
이 사람이 다시 21일 동안 한결같은 마음으로 지장보살의 형상을 우러러 예배하고
그 이름을 외워서 만 번을 채우게 되면 보살이 가없는 몸을 나타내어
이 사람의 권속이 태어난 세계를 낱낱이 알려줄 것이다.
혹은 꿈속에서 보살이 큰 위신력을 나타내어

親	領	是	人	하여	於	諸	世	界	에	見
친할 친	거느릴 령	이 시	사람 인		어조사 어	모두 제	세상 세	경계 계		볼 견
諸	眷	屬		하리며	更	能	每	日	에	念	菩
모두 제	돌볼 권	무리 속			다시 갱	능할 능	매양 매	날 일		생각 염	보리 보
薩	名	千	遍	하여	至	于	千	日	하면		是
보살 살	이름 명	일천 천	횟수 편		이를 지	어조사 우	일천 천	날 일			이 시
人	은	當	得	菩	薩	이	遣	이니	所	在
사람 인		마땅 당	얻을 득	보리 보	보살 살		보낼 견		바 소	있을 재
土	地	鬼	神	하여	終	身	衛	護	하며		現
흙 토	땅 지	귀신 귀	신 신		마칠 종	몸 신	지킬 위	도울 호			지금 현
世	에	衣	食	이	豊	溢	하고	無	諸	疾
세상 세		옷 의	먹을 식		풍년 풍	넘칠 일		없을 무	모두 제	병 질
苦	하며	乃	至	橫	事	를	不	入	其	門
괴로울 고		이에 내	이를 지	뜻밖의 횡	일 사		아닐 불	들 입	그 기	문 문

친히 이 사람을 거느리고 모든 세계를 돌면서 권속들을 다 보여 줄 것이다.
다시 매일 지장보살의 이름을 천 번을 외워서 천 일에 이르면
이 사람은 지장보살이 그가 있는 곳에 토지신을 보내어서
죽을 때까지 호위하도록 할 것이며,
현세의 의식이 풍족하여 넘치고 모든 질병이나 고통이 없어지며
횡액이 그 사람의 집에 들어가지 못하게 할 것이다.

케하거든	何	況	及	身	이리오	是	人	이	畢	竟
	어찌 하	하물며 황	미칠 급	몸 신		이 시	사람 인		마칠 필	마침내 경
에	得	菩	薩	의	摩	頂	授	記	하리라	
	얻을 득	보리 보	보살 살		갈 마	정수리 정	줄 수	기록할 기		

7. 중생들을 제도하려는 이도

復	次	觀	世	音	菩	薩	아	若	未	來
다시 부	버금 차	볼 관	세상 세	소리 음	보리 보	보살 살		만약 약	아닐 미	올 래
世	에	有	善	男	子	善	女	人	이	欲
세상 세		있을 유	착할 선	사내 남	아들 자	착할 선	여자 여	사람 인		하고자할 욕
發	廣	大	慈	心	하여	救	度	一	切	衆
필 발	넓을 광	큰 대	사랑 자	마음 심		구원할 구	법도 도	한 일	온통 체	무리 중
生	者	와	欲	修	無	上	菩	提	者	와
날 생	사람 자		하고자할 욕	닦을 수	없을 무	위 상	보리 보	끌 제(리)	사람 자	

그런데 그 사람의 몸에 직접 미치게 하겠느냐.
이 사람은 필경에 보살이 이마를 만져 주며 수기를 내리리라."

"다시 또 관세음보살이여, 만약 미래세에 선남자와 선여인이
넓고 큰 자비심을 발하여 일체의 중생들을 제도하고자 하는 자와
무상보리를 닦고자 하는 자와

欲	出	離	三	界	者		是	諸	人	等
하고자할 욕	날 출	떠날 리	석 삼	경계 계	사람 자	는	이 시	모두 제	사람 인	무리 등
이	見	地	藏	形	像	하며	及	聞	名	者
	볼 견	땅 지	감출 장	모양 형	모양 상		및 급	들을 문	이름 명	것 자
至	心	歸	依	커나	或	以	香	華	衣	服
지극할 지	마음 심	돌아갈 귀	의지할 의		혹 혹	써 이	향기 향	꽃 화	옷 의	옷 복
과	寶	貝	飮	食	으로	供	養	瞻	禮	하면
	보배 보	조개 패	마실 음	먹을 식		이바지할 공	기를 양	볼 첨	예도 례	
是	善	男	女	等	의	所	願	이	速	成
이 시	착할 선	사내 남	여자 녀	무리 등		바 소	원할 원		빠를 속	이룰 성
하여	永	無	障	碍	하리라					
	길 영	없을 무	막을 장	거리낄 애						

8. 구하는 것, 바라는 것이 모두 이뤄지다

삼계를 뛰어나고자 하는 자 등 이 모든 사람들이
지장보살의 형상을 보거나 이름을 듣고 지극한 마음으로 귀의하며
혹은 향과 꽃과 의복과 보배와 음식을 가지고 공양하며 우러러 예배하면
이 선남자와 선여인들은 원하는 바가 빨리 이뤄지고 영원히 장애가 없으리라."

復	次	觀	世	音	아	若	未	來	世	에
다시 부	버금 차	볼 관	세상 세	소리 음		만약 약	아닐 미	올 래	세상 세	
有	善	男	子	善	女	人	이	欲	求	現
있을 유	착할 선	사내 남	아들 자	착할 선	여자 여	사람 인		하고자할 욕	구할 구	지금 현
在	未	來	百	千	萬	億	等	願	과	百
있을 재	아닐 미	올 래	일백 백	일천 천	일만 만	억 억	무리 등	원할 원		일백 백
千	萬	億	等	事	어든	但	當	歸	依	瞻
일천 천	일만 만	억 억	무리 등	일 사		다만 단	마땅 당	돌아갈 귀	의지할 의	볼 첨
禮	供	養	讚	歎	地	藏	菩	薩	形	像
예도 례	이바지할 공	기를 양	기릴 찬	찬탄할 탄	땅 지	감출 장	보리 보	보살 살	모양 형	모양 상
하면	如	是	所	願	所	求	를	悉	皆	成
	같을 여	이 시	바 소	원할 원	바 소	구할 구		다 실	다 개	이룰 성
就	하리며	復	願	地	藏	菩	薩	이	具	大
나아갈 취		다시 부	원할 원	땅 지	감출 장	보리 보	보살 살		갖출 구	큰 대

"다시 또 관세음보살이여, 만약 미래세에 선남자와 선여인이
현재와 미래의 백천만억의 소원과 백천만억의 일을 이루고자 하거든
다만 지장보살의 형상에 귀의하고 우러러 예배하며 공양하고 찬탄하면
이와 같이 원하는 것과 구하는 것이 모두 다 성취될 것이며,
이 사람이 다시 지장보살에게

慈	悲	하사	永	擁	護	我	하면	是	人	이
사랑 자	슬플 비		길 영	호위할 옹	도울 호	나 아		이 시	사람 인	
於	睡	夢	中	에	卽	得	菩	薩		摩
어조사 어	졸음 수	꿈 몽	가운데 중		곧 즉	얻을 득	보리 보	보살 살		갈 마
頂	授	記	하리라							
정수리 정	줄 수	기록할 기								

9. 총명하여지려면

復	次	觀	世	音	菩	薩	아	若	未	來
다시 부	버금 차	볼 관	세상 세	소리 음	보리 보	보살 살		만약 약	아닐 미	올 래
世	에	善	男	子	善	女	人	이	於	大
세상 세		착할 선	사내 남	아들 자	착할 선	여자 여	사람 인		어조사 어	큰 대
乘	經	典	에	深	生	珍	重	하여	發	不
탈 승	글 경	법 전		깊을 심	날 생	보배 진	무거울 중		필 발	아닐 부

대자비로써 영원히 자기를 옹호해 주기를 원하면
이 사람은 꿈속에서 곧 지장보살이 이마를 만져 주며 수기하여 주는 것을 받을 것이다."

"다시 또 관세음보살이여, 만약 미래세의 선남자와 선여인이
대승경전에 대하여 소중하고 불가사의한 마음을 내어

思	議	心	하여	欲	讀	欲	誦	하며	縱	遇
생각 사	의논할 의	마음 심		하고자할 욕	읽을 독	하고자할 욕	외울 송		비록 종	만날 우
明	師	하여	敎	視	令	熟	하여도	旋	得	旋
밝을 명	스승 사		가르칠 교	볼 시	하여금 영	익을 숙		돌 선	얻을 득	돌 선
忘	하여	動	經	年	月	하되	不	能	讀	誦
잊을 망		움직일 동	지날 경	해 연	달 월		아닐 불	능할 능	읽을 독	외울 송
하나니	是	善	男	女	等	이	有	宿	業	障
	이 시	착할 선	사내 남	여자 녀	무리 등		있을 유	묵을 숙	업 업	막을 장
하여	未	得	消	除	故	로	於	大	乘	經
	아닐 미	얻을 득	사라질 소	덜 제	연고 고		어조사 어	큰 대	탈 승	글 경
典	에	無	讀	誦	性	하니	如	是	之	人
법 전		없을 무	읽을 독	외울 송	성품 성		같을 여	이 시	어조사 지	사람 인
이	聞	地	藏	菩	薩	名	하며	見	地	藏
	들을 문	땅 지	감출 장	보리 보	보살 살	이름 명		볼 견	땅 지	감출 장

읽거나 외우고자 하여, 비록 밝은 스승을 만나서 가르침을 받아 익숙해지려고 하여도
읽자마자 금방 잊어버리며,
해가 가고 달이 지나도 독송하지 못하는 선남자 선여인들은
숙세의 업장을 녹여서 제하지 못했기 때문에 대승경전을 읽고 외우는 소질이 없다.
이와 같은 사람도 지장보살의 이름을 듣거나 지장보살의 형상을 보고

菩	薩	像	하고	具	以	本	心	으로	恭	敬
보리 보	보살 살	모양 상		갖출 구	써 이	근본 본	마음 심		공손할 공	공경 경
陳	白	하며	更	以	香	華	衣	服	飮	食
말할 진	아뢸 백		다시 갱	써 이	향기 향	꽃 화	옷 의	옷 복	마실 음	먹을 식
과	一	切	玩	具	로	供	養	菩	薩	하고
	한 일	온통 체	희롱할 완	갖출 구		이바지할 공	기를 양	보리 보	보살 살	
以	淨	水	一	盞	으로	經	一	日	一	夜
써 이	깨끗할 정	물 수	한 일	잔 잔		지날 경	한 일	해 일	한 일	밤 야
하여	安	菩	薩	前	然	後	에	合	掌	請
	편안 안	보리 보	보살 살	앞 전	그럴 연	뒤 후		합할 합	손바닥 장	청할 청
服	하되	廻	首	向	南	하고	臨	入	口	時
마실 복		돌 회	머리 수	향할 향	남녘 남		임할 임	들 입	입 구	때 시
에	至	心	鄭	重	하여	服	水	旣	畢	하고
	지극할 지	마음 심	정나라 정	무거울 중		마실 복	물 수	이미 기	마칠 필	

순수한 마음으로 공경히 사뢰고,
다시 향과 꽃과 의복과 음식과 여러 가지 진귀한 공양거리들을 가지고 보살에게 공양하라.
그리고 깨끗한 물 한 그릇으로 하루 낮 하루 밤이 지나도록
지장보살 앞에 두었다가 합장하고 먹도록 하라.
머리는 남쪽을 향하고 입에 가져다가 댈 때는 지극한 마음으로 정중하게 물을 마시어라.

慎	五	辛	酒	肉	과	邪	淫	妄	語	와
삼갈 신	다섯 오	매울 신	술 주	고기 육		간사할 사	음란할 음	망령될 망	말씀 어	
及	諸	殺	生	을	一	七	日	或	三	七
및 급	모두 제	죽일 살	날 생		한 일	일곱 칠	날 일	혹 혹	석 삼	일곱 칠
日	하면	是	善	男	子	善	女	人	이	於
날 일		이 시	착할 선	사내 남	아들 자	착할 선	여자 여	사람 인		어조사 어
睡	夢	中	에	具	見	地	藏	菩	薩	이
졸음 수	꿈 몽	가운데 중		갖출 구	볼 견	땅 지	감출 장	보리 보	보살 살	
現	無	邊	身	하여	於	是	人	處	에	授
나타날 현	없을 무	가 변	몸 신		어조사 어	이 시	사람 인	곳 처		줄 수
灌	頂	水	하리니	其	人	이	夢	覺	하면	卽
물 댈 관	정수리 정	물 수		그 기	사람 인		꿈 몽	깰 교		곧 즉
獲	聰	明	하여	應	是	經	典	을	一	歷
얻을 획	귀 밝을 총	밝을 명		응당 응	이 시	글 경	법 전		한 일	지날 력

이때는 오신채와 술과 육식과 사음과 망어와 일체 살생을 7일이나 혹 21일을 삼가라.
그렇게 하면 이 선남자와 선여인은 꿈 가운데 지장보살이 가없는 몸을 나투어
이 사람에게 이마에 물을 부어 주는 것을 받을 것이다.
이 사람이 꿈을 깨고 나면 곧 총명함을 얻어서 경전이 한 번만 귓가에 스쳐도

耳	根	하면	卽	當	永	記	하여	更	不	忘
귀 이	뿌리 근		곧 즉	마땅 당	길 영	기록할 기		다시 갱	아닐 불	잊을 망
失	一	句	一	偈	하리라					
잃을 실	한 일	글귀 구	한 일	게송 게						

10. 풍요롭고 안락한 생활

復	次	觀	世	音	菩	薩	아	若	未	來
다시 부	버금 차	볼 관	세상 세	소리 음	보리 보	보살 살		만약 약	아닐 미	올 래
世	에	有	諸	人	等	이	衣	食	이	不
세상 세		있을 유	모두 제	사람 인	무리 등		옷 의	먹을 식		아닐 부
足	하여	求	者	乖	願	하며	或	多	疾	病
족할 족		구할 구	사람 자	어그러질 괴	원할 원		혹 혹	많을 다	병 질	병 병
하며	或	多	凶	衰	하여		家	宅	이	不	安
	혹 혹	많을 다	흉할 흉	쇠할 쇠			집 가	집 택		아닐 불	편안 안

곧 영원히 기억하여 다시는 한 구절이나 한 게송도 잊어버리지 아니할 것이다."

"다시 또 관세음보살이여, 만약 미래세의 모든 사람들이
의식이 부족하여 구하더라도 소원대로 안 되며 혹은 질병이 많고
혹은 흉한 일과 쇠퇴하는 일이 많아서 집안이 불안하고

하고	眷	屬	이	分	散	하며	或	諸	橫	事
	돌볼 권	무리 속		나눌 분	흩을 산		혹 혹	모두 제	뜻밖의 횡	일 사
多	來	忤	身	하고	睡	夢	之	間	에	多
많을 다	올 래	거스를 오	몸 신		졸음 수	꿈 몽	어조사 지	사이 간		많을 다
有	驚	怖	어든	如	是	人	等	이	聞	地
있을 유	놀랄 경	두려워할 포		같을 여	이 시	사람 인	무리 등		들을 문	땅 지
藏	名	커나	見	地	藏	形	하고	至	心	恭
감출 장	이름 명		볼 견	땅 지	감출 장	모양 형		지극할 지	마음 심	공손할 공
敬	하여	念	滿	萬	遍	하면	是	諸	不	如
공경 경		생각 염	찰 만	일만 만	횟수 편		이 시	모두 제	아닐 불	같을 여
意	事	漸	漸	消	滅	하여	即	得	安	樂
뜻 의	일 사	점점 점	점점 점	사라질 소	멸할 멸		곧 즉	얻을 득	편안 안	즐길 락
하고	衣	食	이	豊	溢	하며	乃	至	於	睡
	옷 의	먹을 식		풍년 풍	넘칠 일		이에 내	이를 지	어조사 어	졸음 수

권속이 나누어지고 흩어지며 혹 횡액이 많이 생겨서 몸을 괴롭히며,
또한 꿈자리에서 놀라고 두려운 일이 많으면
이와 같은 사람들은 지장보살의 이름을 듣거나 지장보살의 형상을 보고
지극한 마음으로 공경하고 외워서 만 번을 채우면 이 모든 뜻과 같지 아니한 일이 점점 소멸하고
곧 안락함을 얻고 의식이 풍족하게 넘치며
꿈속에서까지 모두 안락하게 될 것이다."

夢中에도 悉皆安樂하리라
꿈 몽 / 가운데 중 / 다 실 / 다 개 / 편안 안 / 즐길 락

11. 위험한 길을 갈 때

復次觀世音菩薩아 若未來
다시 부 / 버금 차 / 볼 관 / 세상 세 / 소리 음 / 보리 보 / 보살 살 / 만약 약 / 아닐 미 / 올 래

世에 有善男子善女人이 或
세상 세 / 있을 유 / 착할 선 / 사내 남 / 아들 자 / 착할 선 / 여자 여 / 사람 인 / 혹 혹

因治生하며 或因公私하며 或因
인할 인 / 다스릴 치 / 날 생 / 혹 혹 / 인할 인 / 공 공 / 사사 사 / 혹 혹 / 인할 인

生死하며 或因急事하여 入山林
날 생 / 죽을 사 / 혹 혹 / 인할 인 / 급할 급 / 일 사 / 들 입 / 뫼 산 / 수풀 림

中커나 過渡河海와 乃及大水
가운데 중 / 지날 과 / 건널 도 / 물 하 / 바다 해 / 이에 내 / 및 급 / 큰 대 / 물 수

"다시 또 관세음보살이여, 만약 미래세에 선남자와 선여인이 혹 생업 때문이거나,
혹 공적인 일이거나 사적인 일이거나, 혹 생명에 관계되는 일이거나,
혹 급한 일로 인하여 산림 중에 들어가든지, 내와 바다를 건너든지, 큰물을 만나든지

커나	或	經	險	道	할새	是	人	이		先	當
	혹 혹	지날 경	험할 험	길 도		이 시	사람 인			먼저 선	마땅 당
念	地	藏	菩	薩	名	萬	遍	하면		所	過
생각 념	땅 지	감출 장	보리 보	보살 살	이름 명	일만 만	횟수 편			바 소	지날 과
土	地	鬼	神	이	衛	護	하여		行	住	坐
흙 토	땅 지	귀신 귀	신 신		지킬 위	도울 호			다닐 행	살 주	앉을 좌
臥	에	永	保	安	樂	하며		乃	至	逢	於
누울 와		길 영	지킬 보	편안 안	즐길 락			이에 내	이를 지	만날 봉	어조사 어
虎	狼	獅	子	와	一	切	毒	害	하여도		不
범 호	이리 랑	사자 사	아들 자		한 일	온통 체	독 독	해할 해			아닐 불
能	損	之	하리라	佛	告	觀	世	音	菩	薩
능할 능	덜 손	어조사 지		부처 불	고할 고	볼 관	세상 세	소리 음	보리 보	보살 살
하시되	是	地	藏	菩	薩	이	於	閻	浮	提
	이 시	땅 지	감출 장	보리 보	보살 살		어조사 어	마을 염	뜰 부	끝 제

혹은 험한 길을 가든지 할 때 이 사람이 먼저 지장보살의 이름을 만 번을 외우면
지나가는 곳의 토지신이 호위하여
걷거나 머물거나 앉거나 눕거나 간에 영원히 안락함을 지켜줄 것이며,
호랑이나 사자나 일체의 해독을 만나더라도 손상을 입지 아니하리라."
부처님께서 관세음보살에게 이르시었다.
"이 지장보살은 염부제에 큰 인연이 있다.

에	有	大	因	緣	하니	若	說	於	諸	衆
	있을 유	큰 대	인할 인	인연 연		만약 약	말씀 설	어조사 어	모두 제	무리 중
生	에	見	聞	利	益	等	事	인대	百	千
날 생		볼 견	들을 문	이로울 이	더할 익	무리 등	일 사		일백 백	일천 천
劫	中	에	說	不	能	盡	하리라	是	故	로
겁 겁	가운데 중		말씀 설	아닐 불	능할 능	다할 진		이 시	연고 고	
觀	世	音	아	汝	以	神	力	으로	流	布
볼 관	세상 세	소리 음		너 여	써 이	신통할 신	힘 력		흐를 유	펼 포
是	經	하여	令	娑	婆	世	界	衆	生	으로
이 시	글 경		하여금 영	춤출 사	할미 파(바)	세상 세	경계 계	무리 중	날 생	
百	千	萬	劫	에	永	受	安	樂	케하라	
일백 백	일천 천	일만 만	겁 겁		길 영	받을 수	편안 안	즐길 락		

12. 게송으로 다시 정리하다
1) 지장경의 사구게

만약 모든 중생들에게 보고 듣게 하여 이익되는 일을 설명하려면
백천 겁을 두고 설명하더라도 다할 수가 없다.
그러므로 관세음보살이여, 그대는 위신력을 가지고 이 경전을 유포하여
사바세계의 중생으로 하여금 백천만 겁 동안 영원히 안락을 누리도록 하라."

爾	時	世	尊	이	而	說	偈	言	하시되
너 이	때 시	세상 세	높을 존		말 이을 이	말씀 설	게송 게	말씀 언	

이때에 세존께서 게송을 설하시었다.

吾	觀	地	藏	威	神	力	하니
나 오	볼 관	땅 지	감출 장	위엄 위	신통할 신	힘 력	
恒	河	沙	劫	說	難	盡	이로라
항상 항	물 하	모래 사	겁 겁	말씀 설	어려울 난	다할 진	

내가 이제 지장보살의
위신력을 관찰해 보니
항하사 겁을 설하여도
다할 수가 없네.

見	聞	瞻	禮	一	念	間	하면
볼 견	들을 문	볼 첨	예도 례	한 일	생각 념	사이 간	
利	益	人	天	無	量	事	하리라
이로울 이	더할 익	사람 인	하늘 천	없을 무	헤아릴 량	일 사	

한순간만 보고 듣고
우러러 예배하여도
한량없는 이익이
인천에 넘치리라.

2) 복이 다할 때

若	男	若	女	若	龍	神	이
및 약	사내 남	및 약	여자 녀	및 약	용 용	신 신	
報	盡	應	當	墮	惡	道	라도
갚을 보	다할 진	응당 응	마땅 당	떨어질 타	악할 악	길 도	

남자와 여자와
용과 신들이
그 과보가 다하여
악도에 떨어질지라도

제12. 견문이익품

至	心	歸	依	大	士	身	하면
지극할 지	마음 심	돌아갈 귀	의지할 의	큰 대	선비 사	몸 신	
壽	命	轉	增	除	罪	障	하리라
목숨 수	목숨 명	구를 전	더할 증	덜 제	허물 죄	막을 장	

지극한 마음으로
지장보살에게 귀의하면
수명은 불어나고
죄업은 소멸되리라.

3) 외로운 처지에서

少	失	父	母	恩	愛	者	하고
적을 소	잃을 실	아버지 부	어머니 모	은혜 은	사랑 애	사람 자	
未	知	魂	神	在	何	趣	하며
아닐 미	알 지	넋 혼	신 신	있을 재	어찌 하	갈래 취	

어려서 부모의 사랑을
잃어버린 이가
그들의 영혼이 어디에
있는지 알지 못하며

兄	弟	姉	妹	及	諸	親	을
맏 형	아우 제	손윗누이 자	누이 매	및 급	모두 제	친할 친	
生	長	以	來	皆	不	識	하여
날 생	길 장	써 이	올 래	다 개	아닐 불	알 식	

형제 자매와
모든 친척들까지
자라 오는 동안
전혀 알지 못하더라도

或	塑	或	畫	大	士	身	하고
혹 혹	흙 빚을 소	혹 혹	그림 화	큰 대	선비 사	몸 신	
悲	戀	瞻	禮	不	暫	捨	하여
슬플 비	그릴 련	볼 첨	예도 례	아닐 부	잠시 잠	버릴 사	

지장보살을 조성하거나
그림을 그려서
애달픈 마음으로 우러러
예배하여 눈 떼지 않고,

三	七	日	中	念	其	名	하면
석 삼	일곱 칠	날 일	가운데 중	생각 염	그 기	이름 명	
菩	薩	當	現	無	邊	體	하여
보리 보	보살 살	마땅 당	나타날 현	없을 무	가 변	몸 체	
示	其	眷	屬	所	生	界	하고
보일 시	그 기	돌볼 권	무리 속	바 소	날 생	경계 계	
縱	墮	惡	趣	尋	出	離	하며
비록 종	떨어질 타	악할 악	갈래 취	이윽고 심	날 출	떠날 리	
若	能	不	退	是	初	心	하면
만약 약	능할 능	아닐 불	물러날 퇴	이 시	처음 초	마음 심	
卽	獲	摩	頂	授	聖	記	하리라
곧 즉	얻을 획	갈 마	정수리 정	줄 수	성스러울 성	기록할 기	

삼칠 일 동안
그 이름을 외우게 되면
보살께서 가없는 몸을
나타내시어

그 권속들이
태어난 곳을 보여주며
비록 악도에 떨어져도
곧 벗어날 것이다.

만약 처음 마음에서
물러서지 않으면
곧 이마를 만지면서
수기를 내리리라.

4) 깨달음을 얻고자 하면

欲	修	無	上	菩	提	者	와
하고자할 욕	닦을 수	없을 무	위 상	보리 보	끝 제(리)	사람 자	
乃	至	出	離	三	界	苦	인댄
이에 내	이를 지	날 출	떠날 리	석 삼	경계 계	괴로울 고	

최고의 깨달음을
얻고자 하는 이와
삼계의 고통에서
벗어나고자 하는 이는

是	人	旣	發	大	悲	心	하여
이 시	사람 인	이미 기	필 발	큰 대	슬플 비	마음 심	
先	當	瞻	禮	大	士	像	하면
먼저 선	마땅 당	볼 첨	예도 례	큰 대	선비 사	모양 상	

이미 대자비심을
내었는지라
먼저 지장보살의 형상에
우러러 예배한다면

一	切	諸	願	速	成	就	하여
한 일	온통 체	모두 제	원할 원	빠를 속	이룰 성	나아갈 취	
永	無	業	障	能	遮	止	하리라
길 영	없을 무	업 업	막을 장	능할 능	가릴 차	그칠 지	

일체의 모든 소원을
속히 성취하여
길이 업장을 소멸하고
다시 짓지 않으리.

5) 총명하려면

有	人	發	心	念	經	典	하여
있을 유	사람 인	필 발	마음 심	생각 염	글 경	법 전	
欲	度	群	迷	超	彼	岸	할새
하고자할 욕	법도 도	무리 군	미혹할 미	뛰어넘을 초	저 피	언덕 안	

어떤 사람 발심하여
경전을 외우고
미혹한 이들을 제도하여
피안에 이르게 하고자 할새

雖	立	是	願	不	思	議	하여도
비록 수	설 립	이 시	원할 원	아닐 부	생각 사	의논할 의	
旋	讀	旋	忘	多	廢	失	은
돌 선	읽을 독	돌 선	잊을 망	많을 다	폐할 폐	잃을 실	

비록 뛰어난
큰 원을 세웠으나
읽자마자 금방 잊고
막힘이 많은 것은

斯	人	有	業	障	惑	故	로
이 사	사람 인	있을 유	업 업	막을 장	미혹할 혹	연고 고	
於	大	乘	經	不	能	記	하나니
어조사 어	큰 대	탈 승	글 경	아닐 불	능할 능	기록할 기	

이 사람의 업장과
미혹 때문에
대승경전을 읽고도
기억하지 못하네.

供	養	地	藏	以	香	華	와
이바지할 공	기를 양	땅 지	감출 장	써 이	향기 향	꽃 화	
衣	服	飮	食	諸	玩	具	하고
옷 의	옷 복	마실 음	먹을 식	모두 제	희롱할 완	갖출 구	

향과 꽃과
의복과 음식과
여러 가지 진귀한 것으로
지장보살께 공양하며,

以	淨	水	安	大	士	前	하여
써 이	깨끗할 정	물 수	편안 안	큰 대	선비 사	앞 전	
一	日	一	夜	求	服	之	하되
한 일	해 일	한 일	밤 야	구할 구	마실 복	어조사 지	

청정수를
지장보살 앞에 놓아두고
하루 낮 하루 밤을
지난 뒤 마시며

發	殷	重	心	愼	五	辛	과
필 발	성할 은	무거울 중	마음 심	삼갈 신	다섯 오	매울 신	
酒	肉	邪	淫	及	妄	語	하며
술 주	고기 육	간사할 사	음란할 음	및 급	망령될 망	말씀 어	

소중한 마음을 내어
오신채를 삼가고
술과 고기,
사음과 망어를 삼가며

三	七	日	內	勿	殺	害	하고
석 삼	일곱 칠	날 일	안 내	말 물	죽일 살	해할 해	

21일 동안
살생하지 말라.

至	心	思	念	大	士	名	하면
지극할 지	마음 심	생각 사	생각 념	큰 대	선비 사	이름 명	
卽	於	夢	中	見	無	邊	하고
곧 즉	어조사 어	꿈 몽	가운데 중	볼 견	없을 무	가 변	
覺	來	便	得	利	眼	耳	하여
깰 교	올 래	곧 변	얻을 득	날카로울 이	눈 안	귀 이	
應	是	經	敎	歷	耳	聞	하면
응당 응	이 시	글 경	가르칠 교	지날 역	귀 이	들을 문	
千	萬	生	中	永	不	忘	하리니
일천 천	일만 만	날 생	가운데 중	길 영	아닐 불	잊을 망	
以	是	大	士	不	思	議	로
써 이	이 시	큰 대	선비 사	아닐 부	생각 사	의논할 의	
能	使	斯	人	獲	此	慧	하나니라
능할 능	하여금 사	이 사	사람 인	얻을 획	이 차	슬기로울 혜	

지극한 마음으로
지장보살의 이름을 외우면

곧 꿈속에서 가없는
몸을 나타내나니
깨고 나면 문득
눈과 귀에 총명 얻으리.

경전의 가르침이
귓가를 지나만 가도
천 생이고 만 생이고
길이 잊지 않으리.

이것은 지장보살의
불가사의한 힘이라.
이 사람으로 하여금
이러한 지혜 얻게 하였네.

6) 풍요와 안락을 위해

貧	窮	衆	生	及	疾	病	과
가난할 빈	다할 궁	무리 중	날 생	및 급	병 질	병 병	

빈궁한 중생들과
병든 중생들

家	宅	凶	衰	眷	屬	離	하며
집 가	집 택	흉할 흉	쇠할 쇠	돌볼 권	무리 속	떠날 리	

가업은 쇠망하고
권속들은 떠나가서

睡	夢	之	中	悉	不	安	하고
졸음 수	꿈 몽	어조사 지	가운데 중	다 실	아닐 불	편안 안	

求	者	乖	違	無	稱	遂	라도
구할 구	것 자	어그러질 괴	어긋날 위	없을 무	일컬을 칭	이룰 수	

꿈속에서까지도
모두 불안에 떨며
구하는 것은 아무 것도
이뤄지지 않을 때

至	心	瞻	禮	地	藏	像	하면
지극할 지	마음 심	볼 첨	예도 례	땅 지	감출 장	모양 상	

一	切	惡	事	皆	消	滅	하고
한 일	온통 체	악할 악	일 사	다 개	사라질 소	멸할 멸	

지장보살님께 지극한
마음으로 우러러 예배하면
일체의 악한 일은
모두 소멸하고

至	於	夢	中	盡	得	安	하며
지극할 지	어조사 어	꿈 몽	가운데 중	다할 진	얻을 득	편안 안	

衣	食	豊	饒	鬼	神	護	리라
옷 의	먹을 식	풍년 풍	넉넉할 요	귀신 귀	신 신	도울 호	

꿈속에서까지도
모두 편안함을 얻고
의식은 풍요하고
신귀들은 옹호하리라.

7) 위험한 길을 갈 때

欲	入	山	林	及	渡	海	하여도
하고자할 욕	들 입	뫼 산	수풀 림	및 급	건널 도	바다 해	

산림에 들어가거나
바다를 건널 때

毒	惡	禽	獸	及	惡	人	과
독 **독**	악할 **악**	날짐승 **금**	짐승 **수**	및 **급**	악할 **악**	사람 **인**	

독하고 악한 금수나
악한 사람 만났거나

惡	神	惡	鬼	幷	惡	風	과
악할 **악**	신 **신**	악할 **악**	귀신 **귀**	아우를 **병**	악할 **악**	바람 **풍**	

악신과 악귀와
모진 바람과

一	切	諸	難	諸	苦	惱	라도
한 **일**	온통 **체**	모두 **제**	어려울 **난**	모두 **제**	괴로울 **고**	번뇌할 **뇌**	

일체의 난관과
온갖 고통들도

但	當	瞻	禮	及	供	養	을
다만 **단**	마땅 **당**	볼 **첨**	예도 **례**	및 **급**	이바지할 **공**	기를 **양**	

위대하신
지장보살님의 형상 앞에
우러러 예배하고
공양 올리면

地	藏	菩	薩	大	士	像	하면
땅 **지**	감출 **장**	보리 **보**	보살 **살**	큰 **대**	선비 **사**	모양 **상**	

如	是	山	林	大	海	中	도
같을 **여**	이 **시**	뫼 **산**	수풀 **림**	큰 **대**	바다 **해**	가운데 **중**	

이와 같은 산림이나
바다에서도
틀림없이 이러한 악들은
모두 소멸되리라.

應	是	諸	惡	皆	消	滅	하리라
응당 **응**	이 **시**	모두 **제**	악할 **악**	다 **개**	사라질 **소**	멸할 **멸**	

8) 지장보살의 위신력을 총결하다

觀	音	至	心	聽	吾	說	하라
볼 **관**	소리 **음**	지극할 **지**	마음 **심**	들을 **청**	나 **오**	말씀 **설**	

관세음보살이여, 지극한
마음으로 내 말을 들어라.

地	藏	無	量	不	思	議	를
땅 **지**	감출 **장**	없을 **무**	헤아릴 **량**	아닐 **부**	생각 **사**	의논할 **의**	

지장보살의 한량없고
불가사의한 일

百	千	萬	劫	說	不	周	하리니
일백 **백**	일천 **천**	일만 **만**	겁 **겁**	말씀 **설**	아닐 **부**	두루 **주**	

백천만 겁을 설명해도
다하지 못하리니
지장보살의 이와 같은
힘을 널리 알리라.

廣	宣	大	士	如	是	力	하라
넓을 **광**	베풀 **선**	큰 **대**	선비 **사**	같을 **여**	이 **시**	힘 **력**	

地	藏	名	字	人	若	聞	커나
땅 **지**	감출 **장**	이름 **명**	글자 **자**	사람 **인**	만약 **약**	들을 **문**	

지장보살의 이름을
만약 듣거나
그 형상을 보고
우러러 예배하는 이는

乃	至	見	像	瞻	禮	者	는
이에 **내**	이를 **지**	볼 **견**	모양 **상**	볼 **첨**	예도 **례**	사람 **자**	

香	華	衣	服	飲	食	奉	하고
향기 **향**	꽃 **화**	옷 **의**	옷 **복**	마실 **음**	먹을 **식**	받들 **봉**	

향과 꽃과 의복과
음식을 바치거나
공양 올리면 백천 가지의
좋은 즐거움을 누리리라.

供	養	百	千	受	妙	樂	하리니
이바지할 **공**	기를 **양**	일백 **백**	일천 **천**	받을 **수**	묘할 **묘**	즐길 **락**	

若	能	以	此	回	法	界	하면
만약 **약**	능할 **능**	써 **이**	이 **차**	돌 **회**	법 **법**	경계 **계**	

만약 이 공덕을
또 법계에 회향하면
필경에는 성불하여
생사를 초월하리라.

畢	竟	成	佛	超	生	死	하리니
마칠 **필**	마침내 **경**	이룰 **성**	부처 **불**	뛰어넘을 **초**	날 **생**	죽을 **사**	

是	故	觀	音	汝	當	知	하여
이 시	연고 고	볼 관	소리 음	너 여	마땅 당	알 지	
普	告	恒	沙	諸	國	土	하라
넓을 보	고할 고	항상 항	모래 사	모두 제	나라 국	흙 토	

그러므로 관세음보살이여, 그대는 알라. 그리고 항하강의 모래 수와 같은 국토에 널리 알리라.

第	十	三		囑	累	人	天	品	
차례 제	열 십	석 삼		부탁할 촉	여러 루	사람 인	하늘 천	물건 품	

1. 삼계화택의 중생들을 부촉하다

爾	時		世	尊		擧	金	色	臂
너 이	때 시	에	세상 세	높을 존	이	들 거	쇠 금	빛 색	팔 비 (하사)
又	摩	地	藏	菩	薩	摩	訶	薩	頂
또 우	갈 마	땅 지	감출 장	보리 보	보살 살	갈 마	꾸짖을 하	보살 살	정수리 정 (하시고)
而	作	是	言		地	藏	地	藏	汝
말이을 이	지을 작	이 시	말씀 언	하시되	땅 지	감출 장	땅 지	감출 장 (아)	너 여
之	神	力		不	可	思	議	汝	之
어조사 지	신통할 신	힘 력	이	아닐 불	가히 가	생각 사	의논할 의 (며)	너 여	어조사 지
慈	悲	不	可	思	議	汝	之	智	慧
사랑 자	슬플 비	아닐 불	가히 가	생각 사	의논할 의 (며)	너 여	어조사 지	슬기 지	슬기로울 혜

제13. 사람들에게 부촉하다

그때에 세존께서는 금빛 팔을 들어서 지장보살마하살의 이마를 만지시고
이와 같이 말씀하시었다.
"지장보살이여, 지장보살이여, 그대의 위신력을 헤아릴 수 없으며,
그대의 자비를 헤아릴 수 없으며,

不	可	思	議	며	汝	之	辯	才	不	可
아닐 불	가히 가	생각 사	의논할 의		너 여	어조사 지	말씀 변	재주 재	아닐 불	가히 가
思	議	라	正	使	十	方	諸	佛	이	讚
생각 사	의논할 의		바로 정	하여금 사	열 십(시)	방위 방	모두 제	부처 불		기릴 찬
歎	宣	說	汝	之	不	思	議	事	하여도	千
찬탄할 탄	베풀 선	말씀 설	너 여	어조사 지	아닐 부	생각 사	의논할 의	일 사		일천 천
萬	劫	中	에	不	能	得	盡	하리라	地	藏
일만 만	겁 겁	가운데 중		아닐 불	능할 능	얻을 득	다할 진		땅 지	감출 장
地	藏	아	記	吾	今	日	에	在	忉	利
땅 지	감출 장		기록할 기	나 오	이제 금	날 일		있을 재	근심할 도	이로울 리
天	中	하여	於	百	千	萬	億	不	可	說
하늘 천	가운데 중		어조사 어	일백 백	일천 천	일만 만	억 억	아닐 불	가히 가	말씀 설
不	可	說	一	切	諸	佛	菩	薩	天	龍
아닐 불	가히 가	말씀 설	한 일	온통 체	모두 제	부처 불	보리 보	보살 살	하늘 천	용 룡

그대의 지혜를 헤아릴 수 없으며, 그대의 변재를 헤아릴 수 없으니
시방의 모든 부처님으로 하여금 그대의 불가사의한 일을
천만 겁 동안 찬탄하고 설명하게 하더라도 다하지 못할 것이다.
지장보살이여, 지장보살이여, 기억하라. 내 오늘 도리천 중에서
백천만억의 말로는 다 표현할 수 없는 일체의 제불보살과 천룡팔부의 큰 법회에서

八	部	大	會	之	中 에		再	以	人	天
여덟 팔	거느릴 부	큰 대	모일 회	어조사 지	가운데 중		두 재	써 이	사람 인	하늘 천
諸	衆	生	等 이		未	出	三	界 하여		在
모두 제	무리 중	날 생	무리 등		아닐 미	날 출	석 삼	경계 계		있을 재
火	宅	中	者 를		付	囑	於	汝 하노니		無
불 화	집 택	가운데 중	사람 자		줄 부	부탁할 촉	어조사 어	너 여		없을 무
令	是	諸	衆	生 으로		墮	惡	趣	中 에	
하여금 영	이 시	모두 제	무리 중	날 생		떨어질 타	악할 악	갈래 취	가운데 중	
一	日	一	夜 제함이어든		何	況	更	落	五	無
한 일	해 일	한 일	밤 야		어찌 하	하물며 황	다시 갱	떨어질 락	다섯 오	없을 무
間 과		及	阿	鼻	地	獄 하여		動	經	千
사이 간		및 급	언덕 아	코 비	땅 지	옥 옥		움직일 동	지날 경	일천 천
萬	億	劫 하여도		無	有	出	期 리오			
일만 만	억 억	겁 겁		없을 무	있을 유	날 출	기약할 기			

거듭 인간과 천상의 모든 중생들과
삼계를 벗어나지 못하고 화택 중에 있는 이들을 그대에게 부촉한다.
이 모든 중생으로 하여금 하루 낮이나 하루 밤이라도 악도에 떨어지지 않게 해야 한다.
그런데 하물며 오무간지옥과 아비지옥에 떨어져서
천만억 겁을 지내도 벗어날 기약이 없도록 해서야 되겠는가."

2. 변화 많은 중생들을 부촉하다

地	藏	아	是	南	閻	浮	提	衆	生	이
땅 지	감출 장		이 시	남녘 남	마을 염	뜰 부	끌 제	무리 중	날 생	
志	性	이	無	定	하여	習	惡	者	多	하고
뜻 지	성품 성		없을 무	정할 정		익힐 습	악할 악	사람 자	많을 다	
縱	發	善	心	하여도	須	臾	卽	退	하며	若
비록 종	필 발	착할 선	마음 심		잠깐 수	잠깐 유	곧 즉	물러날 퇴		만약 약
遇	惡	緣	하면	念	念	增	長	하나니	以	是
만날 우	악할 악	인연 연		생각 염	생각 념	더할 증	길 장		써 이	이 시
之	故	로	吾	分	是	形	百	千	億	하여
어조사 지	연고 고		나 오	나눌 분	이 시	모양 형	일백 백	일천 천	억 억	
化	度	하되	隨	其	根	性	하여	而	度	脫
될 화	법도 도		따를 수	그 기	뿌리 근	성품 성		말 이을 이	법도 도	벗을 탈

"지장보살이여, 이 남염부제 중생들이 뜻과 성품이 일정함이 없어서 악을 익히는 자는 많고,
비록 선한 마음을 낼지라도 잠시 뒤에는 곧 물러나며,
만약 악한 인연을 만나면 순간순간 그 인연이 자라난다.
이러한 일 때문에 내가 이 형상을 백천억으로 나누어 교화하며
그들의 근기와 성품을 따라서 제도하며 해탈시키는 것이다.

之 하나니	地	藏 아	吾	今 에	慇	懃 히
어조사 지	땅 지	감출 장	나 오	이제 금	은근할 은	은근할 근
以	天	人	衆 으로	付	囑	於 하노니	汝		未
써 이	하늘 천	사람 인	무리 중	줄 부	부탁할 촉	어조사 어	너 여		아닐 미
來	之	世 에	若	有	天	人	及	善	男
올 래	어조사 지	세상 세	만약 약	있을 유	하늘 천	사람 인	및 급	착할 선	사내 남
子	善	女	人 이	於	佛	法	中 에		種
아들 자	착할 선	여자 여	사람 인	어조사 어	부처 불	법 법	가운데 중		심을 종
小	善	根 하되	一	毛	一	塵 이며	一		沙
작을 소	착할 선	뿌리 근	한 일	털 모	한 일	티끌 진	한 일		모래 사
一	滴 이라도	汝	以	道	力 으로	擁	護	是
한 일	물방울 적	너 여	써 이	길 도	힘 력	호위할 옹	도울 호	이 시
人 하여	漸	修	無	上 하여	勿	令	退	失
사람 인	점점 점	닦을 수	없을 무	위 상	말 물	하여금 령	물러날 퇴	잃을 실

지장보살이여, 내 지금 간절히 천상과 인간의 대중을 그대에게 부촉하니
미래 세상의 천상과 인간과 선남자와 선여인이 부처님의 법 가운데서 작은 선근을 심되
하나의 털과 한 개의 먼지와 한 알의 모래와 한 방울의 물만큼만 할지라도
그대는 도력으로써 이 사람을 옹호하여
점점 최상의 법을 닦아서 물러서지 않게 하여라."

케하라

3. 지옥문 앞에서도

復次地藏아 未來世中에 若
다시 부 / 버금 차 / 땅 지 / 감출 장 / / 아닐 미 / 올 래 / 세상 세 / 가운데 중 / / 및 약

天若人이 隨業報應하여 落在
하늘 천 / 및 약 / 사람 인 / / 따를 수 / 업 업 / 갚을 보 / 응할 응 / / 떨어질 낙 / 있을 재

惡趣하리니 臨墮趣中하여 或至門
악할 악 / 갈래 취 / / 임할 임 / 떨어질 타 / 갈래 취 / 가운데 중 / / 혹 혹 / 이를 지 / 문 문

首하여도 是諸衆生이 若能念得
머리 수 / / 이 시 / 모두 제 / 무리 중 / 날 생 / / 만약 약 / 능할 능 / 생각 염 / 얻을 득

一佛名커나 一菩薩名하며 一句
한 일 / 부처 불 / 이름 명 / / 한 일 / 보리 보 / 보살 살 / 이름 명 / / 한 일 / 글귀 구

"다시 또 지장보살이여, 미래세 가운데 하늘이나 사람이
업의 보응에 따라서 악도에 떨어지는데,
악도에 떨어질 때에 다다라서 혹 악도의 문 앞에 이르렀더라도
이 모든 중생들이 만약 한 부처님의 이름이나 한 보살의 이름이나

一	偈 인		大	乘	經	典 커든		是	諸	衆
한 일	게송 게		큰 대	탈 승	글 경	법 전		이 시	모두 제	무리 중
生 을		汝	以	神	力 으로		方	便	救	拔
날 생		너 여	써 이	신통할 신	힘 력		처방 방	편할 편	구원할 구	뽑을 발
하여	於	是	人	所 에		現	無	邊	身 하여	
	어조사 어	이 시	사람 인	바 소		나타날 현	없을 무	가 변	몸 신	
爲	碎	地	獄 하고		遣	令	生	天 하여		受
할 위	부술 쇄	땅 지	옥 옥		하여금 견	하여금 령	날 생	하늘 천		받을 수
勝	妙	樂 케하라		爾	時	世	尊 이		而	說
수승할 승	묘할 묘	즐길 락		너 이	때 시	세상 세	높을 존		말 이을 이	말씀 설
偈	言 하시되									
게송 게	말씀 언									

한 구절이나 한 게송의 대승경전을 외우면 이 중생들을 그대의 위신력과 방편으로 구제하여
이 사람 앞에 가없는 몸을 나타내어
지옥을 부수어 버리고 하늘에 나게 하여 수승한 즐거움을 받도록 하라."
그때에 세존께서 게송을 설하여 말씀하셨다.

現	在	未	來	天	人	衆 을	
지금 현	있을 재	아닐 미	올 래	하늘 천	사람 인	무리 중	

"현재와 미래의
천인과 인간들을

吾	今	慇	懃	付	囑	汝	하노니
나 오	이제 금	은근할 은	은근할 근	줄 부	부탁할 촉	너 여	

以	大	神	通	方	便	度	하여
써 이	큰 대	신통할 신	통할 통	처방 방	편할 편	법도 도	

勿	令	墮	在	諸	惡	趣	케하라
말 물	하여금 령	떨어질 타	있을 재	모두 제	악할 악	갈래 취	

내 지금 간절히
그대에게 부촉하노니

대신통력과 방편으로
제도하여
모든 악도에
떨어지지 않게 하라."

4. 지장보살의 다짐

爾	時	에	地	藏	菩	薩	摩	訶	薩	이
너 이	때 시		땅 지	감출 장	보리 보	보살 살	갈 마	꾸짖을 하	보살 살	

胡	跪	合	掌	하고	白	佛	言	하시되	世	尊
턱밑 살 호	꿇어앉을 궤	합할 합	손바닥 장		아뢸 백	부처 불	말씀 언		세상 세	높을 존

하	唯	願	世	尊	은	不	以	爲	慮	하소서
	오직 유	원할 원	세상 세	높을 존		아닐 불	써 이	할 위	생각할 려	

그때에 지장보살마하살이 호궤합장하고 부처님께 사뢰었다.
"세존이시여, 원컨대 세존께서는 심려하지 마십시오.

未	來	世	中	에	若	有	善	男	子	善
아닐 미	올 래	세상 세	가운데 중		만약 약	있을 유	착할 선	사내 남	아들 자	착할 선
女	人	이	於	佛	法	中	에	一	念	恭
여자 여	사람 인		어조사 어	부처 불	법 법	가운데 중		한 일	생각 념	공손할 공
敬	하면	我	亦	百	千	方	便	으로	度	脫
공경 경		나 아	또 역	일백 백	일천 천	처방 방	편할 편		법도 도	벗을 탈
是	人	하여	於	生	死	中	에	速	得	解
이 시	사람 인		어조사 어	날 생	죽을 사	가운데 중		빠를 속	얻을 득	풀 해
脫	케하리니	何	況	聞	諸	善	事	하고	念	念
벗을 탈		어찌 하	하물며 황	들을 문	모두 제	착할 선	일 사		생각 염	생각 념
修	行	하면	自	然	於	無	上	道	에	永
닦을 수	행할 행		스스로 자	그럴 연	어조사 어	없을 무	위 상	길 도		길 영
不	退	轉	이니까							
아닐 불	물러날 퇴	구를 전								

미래세 가운데 만약 선남자와 선여인이 부처님의 법 가운데서 일념으로 공경하면
저도 또한 백천 가지 방편으로 이 사람을 제도하여 생사 중에서 빨리 해탈을 얻게 하겠습니다.
하물며 어찌 여러 가지 좋은 일을 듣고 생각 생각에 수행하면
자연히 최상의 도에서 영원히 퇴전하지 않게 하는 일이겠습니까?"

5. 지장경의 스물여덟 가지 이익

說 이 語 時 에 會 中 에 有 一 菩
말씀 설 ・ 이 시 ・ 말씀 어 ・ 때 시 ・ 모일 회 ・ 가운데 중 ・ 있을 유 ・ 한 일 ・ 보리 보

薩 하니 名 은 虛 空 藏 이라 白 佛 言
보살 살 ・ 이름 명 ・ 빌 허 ・ 빌 공 ・ 감출 장 ・ 아뢸 백 ・ 부처 불 ・ 말씀 언

하시되 世 尊 하 我 自 至 忉 利 하여 聞
세상 세 ・ 높을 존 ・ 나 아 ・ 스스로 자 ・ 이를 지 ・ 근심할 도 ・ 이로울 리 ・ 들을 문

於 如 來 의 讚 歎 地 藏 菩 薩 의
어조사 어 ・ 같을 여 ・ 올 래 ・ 기릴 찬 ・ 찬탄할 탄 ・ 땅 지 ・ 감출 장 ・ 보리 보 ・ 보살 살

威 神 勢 力 이 不 可 思 議 이오니 未
위엄 위 ・ 신통할 신 ・ 형세 세 ・ 힘 력 ・ 아닐 불 ・ 가히 가 ・ 생각 사 ・ 의논할 의 ・ 아닐 미

來 世 中 에 若 有 善 男 子 善 女
올 래 ・ 세상 세 ・ 가운데 중 ・ 만약 약 ・ 있을 유 ・ 착할 선 ・ 사내 남 ・ 아들 자 ・ 착할 선 ・ 여자 여

이 말씀을 설하실 때에 법회 중에 한 보살이 계시니 이름은 허공장이었다.
허공장보살이 부처님께 사뢰어 말씀드렸다.
"세존이시여, 저는 도리천궁에 와서
여래께서 지장보살의 위신력이 헤아릴 수 없음에 대해 찬탄하심을 들었습니다.
미래세 중에 만약 선남자와 선여인과

人 과	乃 이에 내	及 및 급	一 한 일	切 온통 체	天 하늘 천	龍 용 룡	이	聞 들을 문	此 이 차
經 글 경	典 법 전	과	及 및 급	地 땅 지	藏 감출 장	名 이름 명	字 글자 자	하고	或 혹 혹	瞻 볼 첨
禮 예도 례	形 모양 형	像 모양 상	하면	得 얻을 득	幾 몇 기	種 종류 종	福 복 복	利 이로울 리	니까	唯 오직 유
願 원할 원	世 세상 세	尊 높을 존	하	爲 위할 위	未 아닐 미	來 올 래	現 지금 현	在 있을 재	一 한 일	切 온통 체
衆 무리 중	等 무리 등	하사	略 간략할 약	而 말 이을 이	說 말씀 설	之 어조사 지	하소서	佛 부처 불	告 고할 고	虛 빌 허
空 빌 공	藏 감출 장	菩 보리 보	薩 보살 살	하시되	諦 살필 체	聽 들을 청	諦 살필 체	聽 들을 청	하라	吾 나 오
當 마땅 당	爲 위할 위	汝 너 여	하여	分 나눌 분	別 나눌 별	說 말씀 설	之 어조사 지	하리라	若 만약 약	未 아닐 미

일체의 하늘과 용이 이 경전과 지장보살의 이름을 듣고
혹 형상에 우러러 예배하면 몇 가지 복리를 얻게 됩니까?
원컨대 세존께서는 미래와 현재의 일체 중생들을 위하여 간략하게 설명하여 주십시오."
부처님께서 허공장보살에게 말씀하셨다.
"자세히 듣고 자세히 들어라, 내 그대를 위하여 분별하여 말하겠다.

來	世	에	有	善	男	子	善	女	人	하시되
올 래	세상 세		있을 유	착할 선	사내 남	아들 자	착할 선	여자 여	사람 인	
見	地	藏	形	像	하며	及	聞	此	經	하고
볼 견	땅 지	감출 장	모양 형	모양 상		및 급	들을 문	이 차	글 경	
乃	至	讀	誦	하며	香	華	飮	食	과	衣
이에 내	이를 지	읽을 독	욀 송		향기 향	꽃 화	마실 음	먹을 식		옷 의
服	珍	寶	로	布	施	供	養	하고	讚	歎
옷 복	보배 진	보배 보		보시 보	베풀 시	이바지할 공	기를 양		기릴 찬	찬탄할 탄
瞻	禮	하면	得	二	十	八	種	利	益	하리니
볼 첨	예도 례		얻을 득	두 이	열 십	여덟 팔	종류 종	이로울 이	더할 익	
一	者	는	天	龍	護	念	이요	二	者	는
한 일	것 자		하늘 천	용 룡	도울 호	생각 념		두 이	것 자	
善	果	日	增	이요	三	者	는	集	聖	上
착할 선	실과 과	날 일	더할 증		석 삼	것 자		모을 집	성스러울 성	위 상

만약 미래세에 선남자와 선여인이
지장보살의 형상을 친견하거나 이 경을 듣거나 독송하거나
향과 꽃과 음식과 의복과 진기한 보배로써 보시하며 공양하고 찬탄하고 우러러 예배하면
스물여덟 가지의 이익을 얻게 된다.
1. 하늘과 용이 보호하며, 2. 선한 과보가 날로 증가하며,
3. 성스럽고 훌륭한 인연이 모이며,

因		四	者		菩	提	不	退		五
인할 인	요	넉 사	것 자	는	보리 보	끝 제(리)	아닐 불	물러날 퇴	요	다섯 오
者		衣	食	豊	足		六	者		疾
것 자	는	옷 의	먹을 식	풍년 풍	족할 족	이요	여섯 육	것 자	는	병 질
疫	不	臨		七	者		離	水	火	災
전염병 역	아닐 불	임할 임	이요	일곱 칠	것 자	는	떠날 이	물 수	불 화	재앙 재
	八	者		無	盜	賊	厄		九	者
요	여덟 팔	것 자	는	없을 무	훔칠 도	도둑 적	액 액	이요	아홉 구	것 자
	人	見	欽	敬		十	者		鬼	神
는	사람 인	볼 견	공경할 흠	공경 경	이요	열 십	것 자	는	귀신 귀	신 신
助	持		十	一	者		女	轉	男	身
도울 조	가질 지	요	열 십	한 일	것 자	는	여자 여	구를 전	사내 남	몸 신
	十	二	者		爲	王	臣	女		十
이요	열 십	두 이	것 자	는	될 위	임금 왕	신하 신	여자 녀	요	열 십

4. 보리심에서 물러서지 않으며,
5. 의식이 풍족하며, 6. 전염병이 들지 않으며,
7. 물과 불의 재난이 없으며, 8. 도적의 액난이 없으며,
9. 사람이 보고 공경하며, 10. 귀신들이 돕고 지킬 것이며,
11. 여자는 남자의 몸으로 바뀌며, 12. 왕과 대신의 딸이 될 것이며,

三	者	는	端	正	相	好	요	十	四	者
석 삼	것 자		바를 단	바를 정	모양 상	좋을 호		열 십	넉 사	것 자
는	多	生	天	上	이요	十	五	者	는	或
	많을 다	날 생	하늘 천	위 상		열 십	다섯 오	것 자		혹 혹
爲	帝	王	이요	十	六	者	는	宿	智	命
될 위	임금 제	임금 왕		열 십	여섯 육	것 자		묵을 숙	슬기 지	목숨 명
通	이요	十	七	者	는	有	求	皆	從	이요
통할 통		열 십	일곱 칠	것 자		있을 유	구할 구	다 개	좇을 종	
十	八	者	는	眷	屬	歡	樂	이요	十	九
열 십	여덟 팔	것 자		돌볼 권	무리 속	기쁠 환	즐길 락		열 십	아홉 구
者	는	諸	橫	消	滅	이요	二	十	者	는
것 자		모두 제	뜻밖의 횡	사라질 소	멸할 멸		두 이	열 십	것 자	
業	道	永	除	요	二	十	一	者	는	去
업 업	길 도	길 영	제할 제		두 이	열 십	한 일	것 자		갈 거

13. 단정한 상호를 얻을 것이며, 14. 천상에 나는 일이 많을 것이며,
15. 간혹 제왕이 될 것이며, 16. 숙명통을 얻을 것이며,
17. 구하는 것은 모두 얻을 것이며, 18. 권속들이 기뻐할 것이며,
19. 모든 횡액이 소멸될 것이며, 20. 업의 길이 영원히 소멸될 것이며,
21. 가는 곳마다 막힘이 없을 것이며,

處盡通이요 二十二者는 夜夢
곳처 다할진 통할통 두이 열십 두이 것자 밤야 꿈몽

安樂이요 二十三者는 先亡離
편안안 즐길락 두이 열십 석삼 것자 먼저선 죽을망 떠날이

苦요 二十四者는 宿福受生
괴로울고 두이 열십 넉사 것자 묵을숙 복복 받을수 날생

이요 二十五者는 諸聖讚歎이요
 두이 열십 다섯오 것자 모두제 성인성 기릴찬 찬탄할탄

二十六者는 聰明利根이요 二
두이 열십 여섯육 것자 귀밝을총 밝을명 날카로울이 뿌리근 두이

十七者는 饒慈愍心이요 二十
열십 일곱칠 것자 넉넉할요 사랑자 근심할민 마음심 두이 열십

八者는 畢竟成佛이니라
여덟팔 것자 마칠필 마침내경 이룰성 부처불

22. 밤에 꿈이 편안할 것이며,
23. 먼저 돌아가신 조상님들이 고통에서 벗어날 것이며,
24. 태어날 때부터 복을 받아서 날 것이며,
25. 모든 성인들이 찬탄하실 것이며, 26. 근기가 예리하고 총명해질 것이며,
27. 사랑하고 불쌍히 여기는 마음이 넉넉할 것이며, 28. 필경에는 성불할 것이다."

6. 지장보살 본원의 일곱 가지 이익

復	次	虛	空	藏	菩	薩	아	若	現	在
다시 부	버금 차	빌 허	빌 공	감출 장	보리 보	보살 살		만약 약	지금 현	있을 재
未	來	天	龍	鬼	神	이	聞	地	藏	菩
아닐 미	올 래	하늘 천	용 룡	귀신 귀	신 신		들을 문	땅 지	감출 장	보리 보
薩	名	號	커나	禮	地	藏	菩	薩	形	像
보살 살	이름 명	이름 호		예도 예	땅 지	감출 장	보리 보	보살 살	모양 형	모양 상
커나	或	聞	地	藏	菩	薩	本	願	等	事
	혹 혹	들을 문	땅 지	감출 장	보리 보	보살 살	근본 본	원할 원	무리 등	일 사
하고	修	行	讚	歎	瞻	禮	하면	得	七	種
	닦을 수	행할 행	기릴 찬	찬탄할 탄	볼 첨	예도 례		얻을 득	일곱 칠	종류 종
利	益	하리니	一	者	는	速	超	聖	地	요
이로울 이	더할 익		한 일	것 자		빠를 속	뛰어넘을 초	성인 성	지위 지	

"다시 또 허공장보살이여,
만약 현재와 미래에 천룡과 귀신이 지장보살의 명호를 듣고
지장보살의 형상에 예배하며 혹 지장보살의 본래의 서원 등에 관한 일을 듣고
수행하고 찬탄하며 우러러 예배하면 일곱 가지의 이익을 얻는다.
1. 성인의 지위에 빨리 오를 것이며,

二	者 는	惡	業	消	滅 이요	三	者 는
두 이	것 자	악할 악	업 업	사라질 소	멸할 멸	석 삼	것 자

諸	佛	護	臨 이요	四	者 는	菩	提	不
모두 제	부처 불	도울 호	임할 임	넉 사	것 자	보리 보	끌 제(리)	아닐 불

退 요	五	者 는	增	長	本	力 이요	六
물러날 퇴	다섯 오	것 자	더할 증	길 장	근본 본	힘 력	여섯 육

者 는	宿	命	皆	通 이요	七	者 는	畢
것 자	묵을 숙	목숨 명	다 개	통할 통	일곱 칠	것 자	마칠 필

竟	成	佛 이니라
마침내 경	이룰 성	부처 불

7. 꽃비가 내리다

爾	時 에	十	方	一	切	諸	如	來	不
너 이	때 시	열 십(시)	방위 방	한 일	온통 체	모두 제	같을 여	올 래	아닐 불

2. 악업이 소멸될 것이며, 3. 모든 부처님이 보호할 것이며,
4. 보리심에서 물러서지 않을 것이며, 5. 본래의 힘이 더욱 증가할 것이며,
6. 숙명을 모두 통할 것이며, 7. 필경에 성불하리라."

그때에 시방의 모든 곳에서 오신

可	說	不	可	說	一	切	諸	佛	如	來
가히 가	말씀 설	아닐 불	가히 가	말씀 설	한 일	온통 체	모두 제	부처 불	같을 여	올 래
와	及	大	菩	薩	과	天	龍	八	部	聞
	및 급	큰 대	보리 보	보살 살		하늘 천	용 룡	여덟 팔	거느릴 부	들을 문
釋	迦	牟	尼	佛	의	稱	揚	讚	歎	地
풀 석	부처이름가	소우는소리모	여승 니	부처 불		일컬을 칭	오를 양	기릴 찬	찬탄할 탄	땅 지
藏	菩	薩	大	威	神	力	不	可	思	議
감출 장	보리 보	보살 살	큰 대	위엄 위	신통할 신	힘 력	아닐 불	가히 가	생각 사	의논할 의
하시옵고	歎	未	曾	有	하시더니	是	時	忉	利	天
	찬탄할 탄	아닐 미	일찍 증	있을 유		이 시	때 시	근심할 도	이로울 리	하늘 천
에	雨	無	量	香	華	와	天	衣	珠	瓔
	비 우	없을 무	헤아릴 량	향기 향	꽃 화		하늘 천	옷 의	구슬 주	구슬목걸이영
하여	供	養	釋	迦	牟	尼	佛	과	及	地
	이바지할 공	기를 양	풀 석	부처이름가	소우는소리모	여승 니	부처 불		및 급	땅 지

말로는 다 표현할 수 없는 일체의 모든 부처님과 대보살과 천룡팔부들이
석가모니 부처님께서 지장보살의 대위신력이 불가사의하다고 칭찬하심을 듣고
일찍이 없었던 일이라고 찬탄하였다.
이때 도리천이 한량없는 향과 꽃과 하늘의 옷과 보배 구슬을 비 오듯이 내려 보내어
석가모니 부처님과 지장보살에게 공양하였다.

藏	菩	薩	已	하오며	一	切	衆	會	俱	復
감출 장	보리 보	보살 살	이미 이		한 일	온통 체	무리 중	모일 회	함께 구	다시 부
瞻	禮	하시옵고	合	掌	而	退	하니라			
볼 첨	예도 례		합할 합	손바닥 장	말 이을 이	물러날 퇴				

그러고는 모든 대중들이 함께 다시 우러러 예배하고 합장하며 물러갔다.

〈제3권 끝〉

사경 발원문

사경 끝난 날 :   년   월   일

_____ 두손 모음

如天 無比

1943년 영덕에서 출생하였다.
1958년 출가하여 덕흥사, 불국사, 범어사를 거쳐 1964년 해인사 강원을 졸업하고 동국역경연수원에서 수학하였다.
10여 년 선원생활을 하고 1976년 탄허 스님에게 화엄경을 수학하고 전법, 이후 통도사 강주, 범어사 강주,
은해사 승가대학원장, 대한불교조계종 교육원장, 동국역경원장, 동화사 한문불전승가대학원장 등을 역임하였다.
2018년 5월에는 수행력과 지도력을 갖춘 승랍 40년 이상 되는 스님에게 품서되는 대종사 법계를 받았다.
현재 부산 문수선원 문수경전연구회에서 150여 명의 스님과 300여 명의 재가 신도들에게 화엄경을 강의하고 있다.
또한 다음 카페 '염화실(http://cafe.daum.net/yumhwasil)을 통해
'모든 사람을 부처님으로 받들어 섬김으로써 이 땅에 평화와 행복을 가져오게 한다.'는 인불사상人佛思想을 펼치고 있다.

저서로
『대방광불화엄경 강설』(전 81권), 『무비 스님의 유마경 강설』(전 3권), 『대방광불화엄경 실마리』, 『무비 스님의 왕복서 강설』,
『무비 스님이 풀어 쓴 김시습의 법성게 선해』, 『법화경 법문』, 『신금강경 강의』, 『직지 강설』(전 2권), 『법화경 강의』(전 2권),
『신심명 강의』, 『임제록 강설』, 『대승찬 강설』, 『당신은 부처님』, 『사람이 부처님이다』, 『이것이 간화선이다』,
『무비 스님과 함께하는 불교공부』, 『무비 스님의 중도가 강의』, 『일곱 번의 작별인사』,
무비 스님이 가려 뽑은 명구 100선 시리즈(전 4권) 등이 있고
편찬하고 번역한 책으로 『화엄경(한글)』(전 10권), 『화엄경(한문)』(전 4권), 『금강경 오가해』 등이 있다.
또한 사경집으로 『대방광불화엄경 사경』(전 81권), 『금강반야바라밀경 사경』, 『반야바라밀다심경 사경』, 『보현행원품 사경』,
『관세음보살보문품 사경』, 『천수경 사경』, 『묘법연화경 사경』(전 7권), 『법화경약찬게 사경』 등 무비 스님의 사경 시리즈가 있다.

무비 스님의 지장경 사경 제3권

| 초판 1쇄 발행_ 2022년 6월 22일

| 지은이_ 여천 무비(如天 無比)
| 펴낸이_ 오세룡
| 편집_ 박성화 손미숙 전태영 유지민
| 기획_ 최은영 곽은영 김희재 진달래
| 디자인_ 박소영 고혜정 김효선
| 홍보 마케팅_ 이주하
| 펴낸곳 담앤북스
   서울특별시 종로구 새문안로3길 23 경희궁의 아침 4단지 805호
   대표전화 02)765-1251 전송 02)764-1251 전자우편 damnbooks@hanmail.net
   출판등록 제300-2011-115호
| ISBN 979-11-6201-052-5 (04220)
| ISBN 979-11-6201-049-5 (세트)

정가 10,000원

ⓒ 무비스님 2022